Als der Döner nach Deutschland kam

südwest

Leyla Başer

Als der Döner nach Deutschland kam

Inhalt

Önsöz

Vorwort

Die türkische Küche hat eine sehr lange Tradition. Einige sehen ihre Ursprünge bereits im Osmanischen Reich. Für mich, als Tochter türkischer Einwanderer, beginnt die Geschichte der türkischen Küche in Deutschland 1961, als die Bundesregierung das Anwerbeabkommen mit der Türkei unterzeichnete. Sie fand mit den ersten Gastarbeitern den Weg von Asien nach Europa, erreichte die karg ausgestatteten Männerheime der Bundesrepublik und wuchs dank der Kochkünste der nachgereisten Frauen zu üppigen Mahlzeiten heran.

Heutzutage ist die türkische Küche in der kulinarischen Landschaft der deutschen Gesellschaft fest integriert. Der Döner ist des Deutschen liebstes Fastfood. Er wandert hierzulande häufiger in die Mägen als alle Burger der Fast-Food-Ketten zusammen. Wen wundert es da, dass in Berlin mehr Dönerbuden stehen als in der 14-Millionen-Metropole Istanbul. Doch der Erfolg dieses kleinasiatischen Fleischspießes stellte sich erst im Laufe der Jahre ein.

Bis dahin war es ein weiter und beschwerlicher Weg

Nach dem Zweiten Weltkrieg fehlte es in Deutschland vor allem an jungen, gesunden Arbeitskräften. Mit Aufstellung der Bundeswehr am 5. Mai 1955 wurde die kleine Anzahl der erwerbstätigen Männer noch zusätzlich reduziert. Der Flüchtlingsstrom aus dem Osten ließ Mitte der fünfziger Jahre erheblich nach, und der Mauerbau 1961 stoppte einen weiteren Zustrom in den Westen Deutschlands. So entstand ein aus heutiger Sicht unvorstellbares Problem: Es gab Jobs, aber keine Arbeitskräfte. Die Leidtragenden dieser Bevölkerungsentwicklung waren zunächst vor allem die deutschen Bauern. Hilflos mussten sie zusehen, wie die ohnehin wenigen jungen Bürger in die Städte abwanderten, um lukrative Jobs in der wieder erblühenden Industrie anzunehmen. So dauerte es nicht lange, bis die ersten Bauernverbände sich lautstark zu Wort meldeten und gegen den Schwund in der Landwirtschaft protestierten. Die Initiative ergriff das Bundesland Baden-Württemberg und versuchte bereits 1953 vergebens, italienische Landarbeiter unter Vertrag zu nehmen. Von staatlicher Seite stand man diesem Vorhaben noch skeptisch gegenüber. So kamen die ersten Gastarbeiter zunächst noch aufgrund privater Initiativen in das Wirtschaftswunderland.

Vertraglich abgesicherte Zuwanderung

Mit dem ersten offiziellen Abkommen zur „Anwerbung und Vermittlung von Arbeitskräften" mit Italien 1955 nahm die Bundesregierung das Heft in die Hand, um die Einwanderung besser kontrollieren und die ausländischen Arbeitskräfte „effektiver" einsetzen zu können. Es folgten Verträge mit Spanien und Griechenland 1960, der Türkei 1961, Portugal 1964, Tunesien und Marokko 1965 und Jugoslawien 1968. Die ausländischen Hilfskräfte wurden schon lange nicht mehr nur in der Landwirtschaft, sondern auch in der Industrie eingesetzt. Insgesamt erhoffte man sich von den Gastarbeitern, dass sie den akuten Arbeitermangel ausgleichen, im Falle einer Wirtschaftskrise aber aufgrund ihrer befristeten Verträge schnell in ihre Heimatländer abgeschoben werden könnten. Außerdem zahlten die jungen Ausländer Steuern und Sozialversicherungsbeiträge, die dem deutschen Fiskus zwar zugute kamen, die daraus abzuleitenden Leistungen jedoch nicht in Anspruch nehmen würden, da sie in ihre Heimatländer zurückkehren würden. Auf der anderen Seite konnten die Herkunftsländer ihre eigenen Arbeitslosenzahlen verringern und möglicherweise ihre in Deutschland qualifizierten Arbeiter zu einem späteren Zeitpunkt in der eigenen industriellen Produktion einsetzen.

Doch dann wurde die Bremse gezogen

Als sich 1973 aufgrund der Ölkrise eine allgemeine Wirtschaftskrise abzeichnete, verhängte die Bundesregierung einen Anwerbestopp, um den weiteren Zustrom von Arbeitern aus Nicht-EU-Ländern zu verhindern. Bis dahin wanderten etwa 14 Millionen Gastarbeiter ein, 11 Millionen fanden später wieder den Weg zurück in ihre Heimat. Unter den Gastarbeitern hatten wir Türken laut Statistik zahlenmäßig seit 1969 die Führung in Deutschland übernommen, anscheinend waren wir bei den deutschen Unternehmen sehr beliebt:

„Besonders begehrt sind von der deutschen Industrie wieder die Gastarbeiter, Türken werden nach Angaben der Bundesanstalt für Arbeitsvermittlung am meisten angefordert. Deshalb sind sie auch am schwersten zu haben. Zehn Wochen müssen die Firmen allein auf Hilfsarbeiter warten. Türkinnen sind dagegen schon eher zu bekommen, vor allem die Analphabetinnen. Insgesamt stehen die Gastarbeiter in diesem Spätsommer hoch im Kurs. Weitgehend ausverkauft sind auch die Italiener." *(40 Jahre „Gastarbeiter" und Ausländerpolitik in Deutschland)*

Dass sich die Zahl der Ausländer trotz Anwerbestopps dennoch erhöhte, lag vor allem daran, dass unsere Väter vornehmlich seit 1973 ihre Ehefrauen und Kinder aus ihrer Heimat nachholten und mit ihrer gesamten Familie in Deutschland blieben. Was sollten sie auch alleine hier?

Hinter jeder Statistik verbergen sich Geschichten und Schicksale vieler Menschen

Die märchenhaften Erzählungen vom Wirtschaftswunderland BRD sprachen sich in Windeseile herum, und aus einer Mischung von Abenteuerlust, Entdeckungsfieber und Ausbruch aus der ländlichen Armut machten sich ambitionierte junge Männer aus dem Ausland auf nach Deutschland. Doch zuvor mussten alle Arbeitswilligen umfangreiche Gesundheitschecks über sich ergehen lassen. Denn es wurden kräftige, junge Männer gesucht, die das Gesundheitssystem der Bundesrepublik nicht zusätzlich belasten sollten, wie die Beschreibung eines Vertreters des Bauernverbandes belegt, der 1955 die ersten italienischen Landarbeiter nach Stuttgart holte:

„Da saßen wir an einem Tisch, so wie bei einer Musterungskommission, und die defilierten dann also an uns vorbei. Und dann haben wir sie uns nach der Größe, nach der Stärke, nach Körperbau angeguckt. Manchmal haben wir uns auch die Hände zeigen lassen, ob sie auch möglichst große Hände und feste Schwielen an den Fingern hatten. Daraus meinten wir zu sehen, dass er also das Arbeiten gewöhnt ist." *(Kulturelle Vielfalt. Baden-Württemberg als Einwanderungsland)*

Auch mein Vater machte sich von seinem Dorf unweit der ägäischen Großstadt Izmir auf nach Istanbul. Hier an der Zentralstelle zur Vermittlung von Arbeitskräften konnten sich arbeitswillige Menschen aus der gesamten Türkei melden und mussten zahlreiche Untersuchungen, durchgeführt von deutschen Ärzten, über sich ergehen lassen. Die Arbeitskräfte sollten zu 100 Prozent unversehrt sein.

So trennte sich in Istanbul die Spreu vom Weizen

Die Gesunden durften mit einem Bahnticket in der Hand in die Bundesrepublik Deutschland ausreisen, Kränkelnde, Schwache und Alte mussten wieder die Heimreise in ihre entlegenen Dörfer antreten. Gemeinsam mit hunderten anderen Türken stieg mein für gesund befundener Vater (die Ärzte ließen übersetzen, dass er einen Körper wie Beton hätte) 1966 nach einem zweiwöchigen Aufenthalt in Istanbul mit nur einer kleinen Tasche in der Hand und einem Brot für unterwegs in den Zug. In München angekommen, ging es für ihn zunächst weiter nach Frankfurt, wo er in der Mainregion in einem Sägewerk unterkam. Das dazugehörige Wohnheim beherbergte auch Italiener, mit denen mein Vater ab und an in eine nah gelegene Kneipe einzog. Wenn so temperamentvolle, redselige, südländische Charaktere wie Italiener und Türken zusammenfanden, dann, so könnte man meinen, sprudeln die Abenteuer aus ihnen nur so heraus.

Aber in Wirklichkeit hatten sie sich nichts zu sagen

Denn worüber sollten sie reden? Vor allem wie? Sie verstanden ja nichts. Weder die Sprache des anderen noch die des deutschen Kneipenbesitzers. So saßen sie still nebeneinander an der Theke, schlürften ihre Getränke, schwiegen sich an, träumten vom vielen Geld und ihrer Heimat und kehrten irgendwann zurück ins Heim. Und am nächsten Morgen standen sie wieder im Sägewerk. Viele Gastarbeiter der ersten Stunde hatten Heimweh, sehnten sich nach der eigenen Kultur und suchten die Nähe von Verwandten.

Auch mein Vater hielt es nicht lange alleine im Frankfurter Raum aus. Nach drei Monaten gelangte er über Umwege schließlich nach Nordrhein-Westfalen, wo auch sein Bruder lebte und in einer Bleihütte arbeitete. Dort fühlte sich mein Vater richtig wohl. Zwar war der Job körperlich sehr hart, aber es gab viele Türken, die er endlich verstand. Außerdem waren einige dabei, die der deutschen Sprache mächtig waren, so dass er auch zunehmend Kontakt zu seinen deutschen Kollegen bekam. Zudem gab es eine Kantine. Die Kochkünste meines Vaters waren – wie die der meisten türkischen Männer – nicht die besten, und so freute er sich trotzdem riesig über die ihm so fremde deutsche Küche. Ihn verschlug es später weiter in ein 500-Seelen-Dorf im Rheinischen, wo er in einer Papierfabrik arbeitete.

Lang ersehnte Familienzusammenführungen

Erst sieben Jahre später, 1973, reisten meine Mutter, meine Schwester und ich nach. In Deutschland angekommen, verbrachten wir die ersten Monate bei Verwandten, bis wir endlich ein Zuhause für die vierköpfige Familie fanden: 30 Quadratmeter ausgebautes Dachgeschoss in einer alten verfallenen Villa. Für uns Kinder begann eine paradiesische Zeit, wohnten in dem Gebäude doch noch zwei weitere türkische Familien mit zahlreichen Kindern.

Kochgewohnheiten kennen keine Grenzen

Mit unseren Müttern wanderten auch die Kochkünste in das Land, wo man weder Zucchini noch Aubergine kannte. Die aus türkischer Sicht sehr dürftig ausgestatteten Supermärkte stellten unsere Mütter vor große Probleme: Wie sollten sie Naturjoghurt herstellen, Fladenbrot backen und Lammgerichte zaubern? Beim Metzger gab es fast nur „Schweinskram", und an der Wursttheke im Supermarkt mussten meine Schwester und ich uns immer gegen die Schinkenscheibenattacken der Verkäuferin wehren. Diese wollte uns kleinen Kindern

doch nur mit den Leckereien aus Schweinefleisch beglücken und schenkte uns zu diesem Zweck das gepresste Fleisch, das zartrosa schimmerte. Unser Einwand, dass wir Muslime seien und diese Tiere nicht essen, konnte sie nicht überzeugen. Unfreiwillig nahmen wir mit den Fingerspitzen das Geschenk an und trugen es an der Kasse vorbei ins Freie. Gefreut hat sich letzten Endes der Hund von unserer Nachbarin.

Not macht erfinderisch

Die ersten kulinarischen Blockaden hatten wir mit viel Einfallsreichtum überwunden: Milch für die Zubereitung des Joghurts holten wir beim Bauern, bis wir erfuhren, dass es auch in den Geschäften abgepackte Milch gab. Getrocknete Auberginen, Weinblätter und so weiter brachten wir aus unserem Heimaturlaub aus der Türkei mit. Jahre später eröffnete in der nächstgrößeren Stadt ein türkischer Supermarkt, in dem man endlich große Türkenportionen kaufen konnte: 5 Kilogramm Reis und Bulgur, Granatäpfel, Quitten, Petersilie und vieles mehr.
Über die Jahre entdeckten wir deutsche Produkte und integrierten sie in unsere Mahlzeiten. Wie zum Beispiel die Blätterteigröllchen, die unsere Mütter anfangs aufwändig selbst zubereiteten, kneteten, ausrollten und füllten, bis wir den Tiefkühlkost-Blätterteig für unsere Croissants entdeckten. Außerdem lernten wir Rezepte aus uns unbekannten Regionen in der Türkei kennen. Denn in der Freizeit besuchten sich die türkischen Groß- und Kleinfamilien, es wurde geredet, gemeinsam gekocht und gegessen. Auf 30 Quadratmeter in Deutschland traf sich die halbe Türkei: Anatolien, Zonguldak, Ankara, Izmir, Istanbul, fast jeder Landstrich war hier vertreten. Und so brachte Deutschland auch uns Türken näher.

Die Ehefrauen der ersten Gastarbeitergeneration, unsere Mütter, übernahmen die Aufgaben im traditionellen Sinne: kochen und Kinder erziehen. Sie kannten es nicht anders. Ohne sie hätte sich die türkische Küche im „Exil" nie so großartig entfalten können. Diese Entwicklung hatten wir auch den fehlenden Integrationsbemühungen der Bundesregierung zu verdanken, die die meisten Gastarbeiterfamilien der ersten Stunde ihren Schicksalen überließ. Infos, wichtige Gesetzesänderungen und andere Neuigkeiten erfuhren wir über die Mund-zu-Mund-Propaganda von anderen Türken oder aus den täglich gesendeten muttersprachlichen Radiosendungen.

Nur wenige waren der deutschen Sprache mächtig

Vielmehr füllten wir Kinder diese Lücke: Wir übersetzten, vermittelten und berichteten unseren Familien von der anderen, der deutschen Kultur. Hier hatten wir durch unsere sozialen Kontakte in der Schule und in der Freizeit einen besseren Einblick als unsere Eltern. Sie arbeiteten oftmals in lauten Fabriken, wo eine Unterhaltung rein akustisch problematisch war. Erschwerend kam hinzu, dass sie die meist unqualifizierten Arbeiten mit Italienern, Griechen oder Spaniern verrichteten. Allesamt Gastarbeiter, die sich ebenfalls mit der deutschen Sprache schwer taten. Als die Integration ausländischer Mitbürger ernsthaft in Angriff genommen wurde, als Deutschkurse für Ausländer organisiert wurden, war es zu spät. Denn die Infrastruktur in der ausländischen Gemeinschaft stand perfekt, Nachbarschaftshilfe war für uns nie ein Fremdwort, und die bisherige Form der Kommunikation hatte funktioniert. Wie sollten denn Menschen, die auch meistens in Schichten arbeiteten und erst morgens um sechs aus der Fabrik nach Hause kamen, regelmäßig die Schulbank drücken und im späten Alter noch Deutsch lernen? Ein schwieriges Unterfangen. Nichtsdestotrotz ermöglichte uns dieses Defizit ein meist lustiges Beisammensein mit unseren türkischen Freunden, Nachbarn und Familien. Und bescherte uns viele Anekdoten. So verwechselte meine Mutter gerne in Haushaltswarenläden einen Topf mit einem Kopf und nicht nur in Supermärkten Erdbeeren mit Erdbeben.

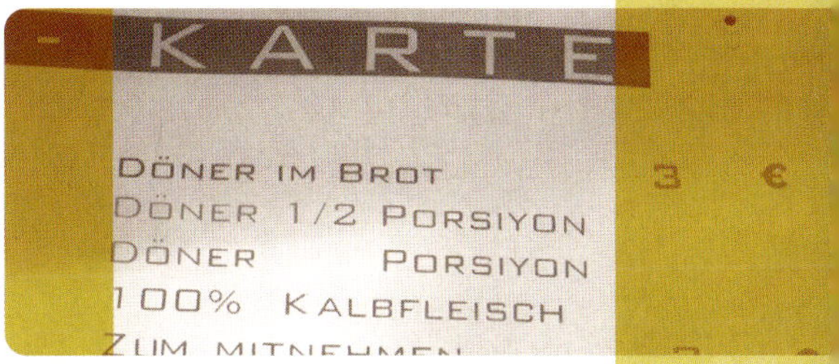

Problemloses Einkaufen

Mit der wachsenden Anzahl der Türken in Deutschland erhöhte sich auch die Anzahl der Supermärkte, Restaurants, Dönerbuden und Import-Export-Läden. Türkische Produkte waren kaum mehr zu übersehen und sind mit der Zeit neben italienischen, griechischen und anderen Artikeln ein fester Bestandteil in Deutschland geworden. Nur ein Nahrungsmittel wird uns Türken zu Unrecht zugeschrieben: der Kümmel. Zwar wird er oft in türkischen Gerichten verwendet, aber weltweit wird er am meisten in Deutschland und Österreich konsumiert. Dies ist eine weitere spannende Geschichte, die in diesem Buch auf den Seiten 30 und 31 steht.

Doch nun genug der Worte, probieren Sie die folgenden Rezepte aus, und überzeugen Sie sich selbst von der türkischen Küche!

Afiyet olsun – guten Appetit!

Türkisches Frühstück

Kahvalti, das typische türkische Frühstück, besteht aus Schafskäse, grünen oder schwarzen Oliven, Tomaten- und Gurkenscheiben, etwas Petersilie sowie Butter, selbst gemachter Konfitüre und Weißbrot. Dazu wird „çay" getrunken, schwarzer Tee, der in dem typischen Zweikannensystem „samowar" zubereitet und in kleinen, tulpenförmigen Gläsern serviert wird.
Auf dem Land nimmt man zum Frühstück auch eine stärkende Suppe zu sich. Die Knoblauchwurst „sucuk" darf natürlich auch nicht fehlen, ob kalt und roh oder warm, in feine Scheiben geschnitten und in etwas Butter in wenigen Minuten gebraten.

Bräuche und Rituale

Die Türkei ist ein sehr mystisches Land. Zwei der sieben Weltwunder der Antike sind hier zu Hause: In Ephesus stand der Artemistempel (etwa 6. Jh. v. Chr.), von dem nur noch eine Säule übrig geblieben ist. Ephesus ist eine fast komplett erhaltene antike Stadt. Das Grabmal von Mausolos stand in Halikarnassos und wurde etwa 325 v. Chr. erbaut. Heute erinnert in der Stadt Bodrum nur der Name „Halikarnas" der großen Open-Air-Diskothek an das Weltwunder. In Konya tanzen sich Derwische in Trance, und mein ganzes Heimatdorf pilgerte, wenn es sein musste, auf heilige Berge, um in der Dürrezeit für Regen zu beten.

Im Kaffeesatz lesen

Jede Region hat ihre eigenen Bräuche, Mythen und Legenden. Astrologie, Traumdeutung und Kaffeesatzleserei sind ein fester Bestandteil im türkischen Alltag, besonders im ländlichen Raum. Beim Nachmittagsmokka mit Verwandten, Nachbarn und Freunden ist mindestens eine Person dabei, die aus dem Kaffeesatz wichtige Ereignisse mehr oder weniger vorhersehen kann.

Ich hatte einen Traum

In vielen Regionen der Türkei sind auch Träume von äußerst großer Bedeutung. Sobald meine Schwester und ich sprechen konnten, fragten uns unsere Eltern morgens beim Frühstück, was wir geträumt hatten. Von Kindesbeinen an lernten wir die nächtlichen Abenteuer unseres Unterbewusstseins zu schätzen, sie zu entschlüsseln und völlig selbstverständlich damit umzugehen. War es ein schlechter Traum, bat uns unsere Mutter, zum Waschbecken zu gehen, den Wasserhahn aufzudrehen und den schlechten Traum dem Leitungswasser erneut zu erzählen. Der Ursprung dieser Handlung liegt in unserem Heimatdorf in der Türkei. Dort vertraut man schlechte Träume einer (natürlichen) Wasserquelle an, damit die unheilvollen Inhalte sich so verflüchtigen wie das reine Quellwasser. Eine schöne Geste, die wir bis heute

beibehalten haben. Und so analysieren wir heute noch fast jeden Morgen beim Frühstück unsere Träume und stehen hinterher notfalls im Bad und reden mit dem Wasserhahn.

Gute Reise

Einige unserer Gewohnheiten haben in Deutschland überlebt, zwar teilweise in reduzierter Form, aber immerhin. In den 1970er Jahren kam in Deutschland die ganze Verwandtschaft zusammen, wenn eine der vielen Familien den Heimaturlaub in die Türkei antrat. Es wurden Bestellungen aufgegeben, Grüße übermittelt, und das Wichtigste: Man wünschte eine gute Reise. Nicht mit Worten, sondern mit Gesten. Sobald der Konvoi – meistens bestand er aus Transportern und Ford-Kolonnen – losfuhr, wurde ein Eimer Wasser hinterher auf die Straße gekippt. Möge die Reise so fließend verlaufen. Unsere deutschen Nachbarn staunten nicht schlecht, als sich literweise Leitungswasser auf die schmalen Straßen Nordrhein-Westfalens ergoss.

Mittlerweile sind auch wir Türken dezenter geworden. Jetzt kippen wir das Wasser nicht mehr aus großen, bunten, nicht zu übersehenden Plastikeimern aus, sondern begnügen uns mit einer kleinen, unauffälligen, hübsch designten Tasse.

20 Minuten
für 4 Personen

Çay

Türkischer Tee

Info

Çay wird zu jeder Tageszeit und zu jeder Jahreszeit getrunken. Heißer Tee ist auch bei größter Sommerhitze ein guter Durstlöscher. Auf vielen Straßen der Türkei bieten Männer, die mit Tabletts voller kleiner Gläser herumlaufen, jedem den köstlichen Çay an.

Çay wird im türkischen Samowar, einem 2-teiligen Teekannenset, einfach und schnell zubereitet.

Dazu für 4 Personen die untere, größere Kanne zu drei Viertel mit Wasser füllen. In die kleinere, obere Kanne 2 Esslöffel schwarzen Tee geben und beide übereinander auf die Kochstelle stellen. Wenn das Wasser kocht, gießt man es in die obere Kanne, lässt den Tee einige Minuten ziehen und füllt die untere Kanne wieder mit frischem Wasser auf.

Je länger der Tee zieht, umso stärker ist er. Er kann aber mit Wasser aus der unteren Kanne verdünnt werden.

25 Minuten
für 4 Personen

Türk kahvesi

Türkischer Mokka

Zutaten

4 Tassen Wasser
2 gehäufte TL Kaffee
1 TL Zucker

Der türkische Mokka wird gerne in Gesellschaft getrunken. Meistens ist eine Person dabei, die aus dem Kaffeesatz lesen kann.

Das Wasser füllt man in das Kaffeekännchen, gibt den Kaffee und den Zucker dazu, stellt das Kupferkännchen auf die Kochstelle und bringt es zum Kochen. Es ist wichtig, den Kaffee ständig umzurühren. Fängt er an zu schäumen, wird er sofort von der Kochstelle genommen und in die Tassen gegeben. Dabei schöpft man den Kaffeeschaum aus dem Kännchen vorsichtig in jede Tasse.

Ist der Mokka ausgetrunken, stellt man die Tasse verkehrt herum auf den Unterteller und lässt sie mindestens 10 Minuten auskühlen. Jetzt kann eine kundige Person aus dem Kaffeesatz lesen.

Kahvalti

Türkisches Frühstück

Die türkische Art der Kaffeebereitung verwöhnt die Gaumen der Genießer mit einem luftigen Schaum und einem lang anhaltenden Geschmackserlebnis. Tee erfreut sich ebensolcher Wertschätzung und ist fester Bestandteil des türkischen Alltags.

30 Minuten
für 4 Personen

Croissants

Gefüllter Blätterteig

Zutaten

1 Packung Tiefkühl-Blätterteig
1/2 Bund glatte Petersilie
150 g Schafskäse (Feta)
1 EL Sonnenblumenöl
Pfeffer

Den Blätterteig zum Auftauen nebeneinander auf eine Arbeitsfläche legen. Rechteckige Platten in Dreiecke schneiden und jeweils an der Mitte der Stirnseite ein wenig einschneiden.

Die Petersilie waschen und fein hacken. Den Schafskäse in kleine Würfel schneiden oder mit der Hand zerbröseln. Petersilie, Käse und Öl in einer Schüssel vermischen und pfeffern.

Den Backofen auf 220 °C (Umluft 200 °C, Gas Stufe 4–5) vorheizen. Die Füllung auf die Blätterteigdreiecke geben und den Teig zur Spitze hin aufrollen. Die Croissants etwa 15 Minuten backen und warm servieren.

10 Minuten
für 2–4 Personen

Baharatlı kavaltılık peyniri

Würziger Schafskäse

Zutaten

1 Zwiebel
einige Stängel Dill
einige Stängel Petersilie
250 g Schafskäse (Feta)
1 EL Olivenöl
Pfeffer

Die Zwiebel abziehen und ganz fein hacken. Dill und Petersilie waschen, ausschütteln und klein schneiden.

Den Schafskäse zerbröseln und in eine Schüssel geben. Zwiebel, Dill, Petersilie und Öl untermischen und mit Pfeffer würzen.

Tipp **Den würzigen Schafskäse als Brotaufstrich oder Dip zum Frühstück servieren.**

Fakir sucuk

10 Minuten
Vorratsportion

Arme-Leute-Wurst

Den Knoblauch abziehen und durch eine Knoblauchpresse in eine Schüssel pressen.

Tomatenmark, Paprikamark, Öl, Minze, Thymian, Pfeffer, Salz und Walnüsse in die Schüssel geben und alle Zutaten gut miteinander verrühren.

Die entstandene Würzpaste in ein Schraubglas mit Deckel füllen und den Deckel schließen. Nach Bedarf löffelweise entnehmen und das Glas wieder verschließen.

Zutaten

1 Knoblauchzehe
300 g Tomatenmark
300 g scharfes Paprikamark
6 EL Olivenöl
1 gehäufter TL trockene Minze
1 TL Thymian
1 TL Pfeffer
1 1/2 TL Salz
1 EL zerstoßene Walnüsse

Tipp **Mit den angegebenen Zutatenmengen entstehen 600 Gramm Tomaten-Paprikamark-Paste, das heißt, mehr als eine große Konservendose oder ein großes Glas des beliebten Nuss-Nougat-Aufstriches. Das reicht in der Regel sehr lange, denn pro Person rechnet man etwa 1 Esslöffel pro Mahlzeit, sei es als Dip oder als Brotaufstrich. Die Paste hält sich im Kühlschrank bis zu 3 Monate.**

Info **Der Name der Zubereitung entstand in Anlehnung an die berühmte türkische Knoblauchwurst (Sucuk). Sie wird meist aus Rindfleisch hergestellt und ist sehr würzig. Da sich in der Türkei nicht jedermann die Wurst leisten kann, stellt man aus Tomatenmark einen würzigen Brotaufstrich her, der auch zum Frühstück gegessen wird. Er soll die Wurst nicht in der Konsistenz, aber im Geschmack ersetzen. Man kann den Brotaufstrich auch beim Grillen auf Fladenbrot streichen oder als scharf-würzigen Dip servieren.**

kg 4.99
Paprika
kg 4.99

Meze – Vorspeisen

Angenehm im Geschmack, klein in der Menge, abwechslungsreich in der Darbietung – Meze, die türkischen Vorspeisen, lassen sich nicht auf einen Nenner bringen. Vielmehr ist es ihre kulinarische Vielfalt, die für wohlige Sättigung sorgt, unabhängig von der Tageszeit. Ob als Auftakt zu einem Essen, als Grundlage für den beliebten Anisbranntwein Raki oder als separates Essen, Meze gehören seit Anbeginn zur türkischen Küche. Neben den bekannten vegetarischen Salaten und kräftigen Suppen erfreuen sich cremige Brotaufstriche auf der Basis von Schafskäse in Deutschland immer größerer Beliebtheit.

Wann ist das Maß voll?

Es gibt kulturelle Unterschiede, die unüberbrückbar sind. Und das ist auch gut so, ansonsten gäbe es diese Besonderheiten nicht, die jedes Land und ihre Menschen so einzigartig wie liebenswürdig machen. Selbst der jahrelange oder gar jahrzehntelange Aufenthalt in anderen Ländern kann diese Marotten nicht ausmerzen. Meine Eltern und andere türkische Gastarbeiter hatten es zu Beginn sehr schwer, sich mit der deutschen Ordnung und Pünktlichkeit zu arrangieren. Wir waren richtig baff, als wir mit deutschen Behörden Ärger bekamen, weil wir Kinder unentschuldigt zwei Wochen später aus den Sommerferien in die Schule zurückkehrten. Dass wir uns vorher hätten beurlauben und abmelden sollen, das war uns wirklich neu. In der Türkei drückte man nach den langen Sommerferien erst dann wieder die Schulbank, wenn alle Arbeiten auf den Feldern erledigt waren. Von Entschuldigungen oder Sondergenehmigungen war nie die Rede. Man nahm es nicht so genau, und so kannten es auch meine Eltern. Aber man lernt immer dazu. Seit diesem Zeitpunkt holten wir vorab das offizielle „JA“ der Grundschulleitung, wenn wir unseren Heimaturlaub etwas ausgedehnter gestalten wollten.

Von Glas zu Glas

Diese Art, alles etwas lockerer zu betrachten, kann vorteilhaft sein, es kann einen aber auch zur Verzweiflung bringen. Als ich mit meiner Mutter einige Kochrezepte durchging, stellte sich die zunächst harmlose wie notwendige Frage nach den Mengenangaben der Zutaten: Wie viel Mehl? Wie viel Milch? Und so weiter. Meine Mutter antwortete immer mit: „1 Glas Mehl“, „1/2 Glas Milch“ ... Ich fragte sie nach der genauen Menge, schließlich verfassten wir Kochrezepte, die andere doch irgendwie nachkochen sollten. Sie blieb dabei, alle Mengen in Gläsern anzugeben. Als ich wissen wollte, ob sie vielleicht ein Kölschglas oder ein Weizenglas meinte, legte sie sich auf ein Wasserglas fest. Dass es auch hier gravierende Unterschiede gibt, das schien sie nicht weiter zu stören. Schließlich könne man ja je nach Größe des Glases auch die anderen Zutaten in der Menge entsprechend variieren. So flexibel sollte man schon sein. Nach langem Hin und Her hatten wir uns endlich auf ein bestimmtes Wasserglas als Maßeinheit geeinigt. Ich verbrachte die Hälfte der Zeit damit, alle Mengenangaben für die Rezepte in diesem Buch zu „übersetzen“, und mir wurde bewusst, dass der Fundus an Wassergläsern schier unermesslich ist.

Beyaz turp salatası

25 Minuten
für 2–4 Personen

Rettichsalat

Den Rettich waschen, schälen und grob raspeln. Das Salz darüber streuen und 10 Minuten ziehen lassen.

Die Petersilie waschen und klein hacken. Die Zwiebel abziehen und klein schneiden. Die Oliven stückeln.

Den durchgezogenen Rettich in ein Geschirrtuch wickeln, die Flüssigkeit auspressen und die Rettichmasse in eine Schüssel geben. Petersilie, Zwiebel und Oliven zufügen. Öl und Essig unterrühren, salzen und pfeffern.

Die Zitrone heiß abwaschen und einige Scheiben abschneiden. Aus der restlichen Zitrone den Saft auspressen und über den Rettichsalat träufeln. Mit den Zitronenscheiben garnieren. Dazu trinkt man gerne Raki.

Zutaten

1 weißer Rettich
1 TL Salz
1 Bund glatte Petersilie
1 kleine Zwiebel
100 g entsteinte Oliven
3–4 EL Olivenöl
2 EL Essig
Pfeffer
1 Zitrone

Barbunya salatası

über Nacht +
15 Minuten
für 2 Personen

Salat aus dicken Bohnen

Die Bohnen 8 Stunden in kaltem Wasser einweichen. Abgießen, waschen und mit 1 Liter frischem Wasser ansetzen. Zum Kochen bringen, die Hitzezufuhr etwas reduzieren und die Bohnen 60 Minuten kochen. Sie müssen knackig sein, dürfen aber nicht zu weich gekocht sein. In einem Sieb abtropfen lassen und in eine Salatschüssel geben.

Peperoni waschen, Zwiebeln abziehen und beides in kleine Ringe schneiden. Tomate waschen und klein schneiden. Petersilie waschen und fein hacken. Alle Zutaten zu den Bohnen geben. Öl und Essig unterrühren, salzen und pfeffern. Mit Zitronenscheiben garnieren.

Tipp **Getrocknete Barbunya-Bohnen gibt es in jedem türkischen Supermarkt zu kaufen.**

Zutaten

250 g rot gesprenkelte Bohnen
1 scharfe Peperoni
2 Zwiebeln
1 Tomate
1/2 Bund glatte Petersilie
75 ml Olivenöl
3 EL Weinbranntessig
1 TL Salz
Pfeffer
3 Zitronenscheiben zum Garnieren

10 Minuten
für 2-4 Personen

Gewürzte Oliven

Zutaten

1 unbehandelte Zitrone
200 g schwarze Oliven ohne Würzung
3 EL Olivenöl

Wahlweise
1 Knoblauchzehe
5–6 Stängel glatte Petersilie

Zitrone heiß abwaschen, abtrocknen und halbieren. Eine Hälfte in Scheiben schneiden, aus der anderen den Saft auspressen. Die Oliven in einem Sieb auswaschen und in ein Gefäß geben. Mit Zitronensaft und Öl beträufeln.

Je nach Geschmack Knoblauch abziehen und fein hacken. Petersilie waschen, trockenschwenken, die Blätter abzupfen und klein schneiden. Knoblauch und/oder Petersilie zu den Oliven geben und alles gut durchmischen. Das Gefäß verschließen und im Kühlschrank aufbewahren.

15 Minuten
für 4 Personen

Eiersauce

Zutaten

4 Eier, 500 g Magerquark
150 ml Milch, 500 g Joghurt
1/2 Bund Petersilie
1 Stängel Dill
2 EL Maggi-Würzsauce
1/2 TL Pfeffer, 1/2 TL Salz
3 EL Delikatesssenf

Die Eier hart kochen, in ganz kleine Würfel schneiden und abkühlen lassen. Magerquark, Milch und Joghurt verrühren und die Eier dazugeben. Petersilie und Dill waschen, entstielen, fein hacken und zugeben. Mit Maggi, Pfeffer, Salz und Senf würzen.

Die Eiersauce schmeckt besonders gut zu gegrilltem Fleisch und Fondue. Wer mag, kann sie auch auf Brot streichen und zum Frühstück essen.

Ganz hip – türkisch dip

Die Grundlage dieses Buches sind Familienrezepte. Von meinem Mann, der in Deutschland geboren, aufgewachsen und mit deutschem Essen groß geworden ist, stammt obiger Dip. Die unschlagbare Eiersauce, die seine Mutter schon in den 1970er Jahren zubereitete, ist bei geselligen deutsch-türkischen und anderen internationalen Runden garantiert ein Hit.

Rucolapaste

15 Minuten
100 Gramm (Dip)

Den Rucola waschen, die Stiele entfernen und die Blätter in einer Küchenmaschine fein pürieren. Den Schafskäse dazugeben und mitpürieren. Die Paste in eine kleine Schüssel füllen.

Den Knoblauch abziehen und fein hacken. Knoblauch und Joghurt unter die Rucolapaste mischen. Mit Öl und Zitrone verfeinern, gut vermengen und kurz durchziehen lassen. Die Schüssel abdecken und bis zum Verzehr die Paste in den Kühlschrank stellen.

Zutaten

50 g Rucola
100 g Schafskäse (Feta)
1/2 Knoblauchzehe
1 EL Joghurt
einige Tropfen Olivenöl
1 Spritzer Zitronensaft

Paprikapaste

45 Minuten
180 Gramm (Dip)

Die Paprikaschote waschen, putzen, in einer Küchenmaschine pürieren und den Sud wegkippen. Den Schafskäse dazugeben und mitpürieren. Die Paste in eine kleine Schüssel füllen.

Den Knoblauch abziehen und fein hacken. Knoblauch, Paprikapaste, Joghurt und Minze in die Schüssel geben und alles vermengen. Die Paprikapaste etwa 30 Minuten im Kühlschrank ziehen lassen.

Zutaten

1 milde rote Paprikaschote
100 g Schafskäse (Feta)
2 kleine Knoblauchzehen
2 TL scharfe Paprikapaste
1 EL Joghurt
1/2 TL getrocknete Minze

Mit ein paar delikaten Dips und Saucen verfeinert man jedes Büffet. Ob auf einer Party, beim Grillen oder Picknicken: Die Pasten sind schnell und einfach zubereitet, schmecken gut und können je nach Geschmack auch variiert werden. Als Grundlage für viele Pasten eignet sich Schafskäse (Feta) besonders gut.

15 Minuten
100 Gramm (Dip)

Schwarze Olivenpaste

Zutaten

50 g schwarze Oliven ohne Steine
100 g Schafskäse (Feta)
1 Knoblauchzehe
1 TL Olivenöl
2 EL Joghurt

Die Oliven unter fließendem Wasser auswaschen und in einem Mixer oder mit einem Pürierstab fein pürieren. Den Käse zugeben und mitpürieren.

Den Knoblauch abziehen und fein hacken oder durch eine Knoblauchpresse drücken. Knoblauch, Öl und Joghurt zur Käsecreme geben und alles gut vermengen. Die Olivenpaste etwas durchziehen lassen.

15 Minuten
180 Gramm (Dip)

Grüne Olivenpaste

Zutaten

50 g grüne Oliven
100 g Schafskäse (Feta)
3 EL Joghurt
1 TL Olivenöl
3 Stängel Dill
einige Spritzer Zitronensaft

Die Oliven unter fließendem Wasser auswaschen und mit dem Käse in einem Mixer oder mit einem Pürierstab pürieren. Den Joghurt und das Öl dazugeben.

Den Dill waschen, Stängel entfernen, die Blätter klein schneiden und unter die Paste unterrühren. Mit einigen Tropfen frisch gepresstem Zitronensaft verfeinern. Die Olivenpaste bis zum Verzehr etwas ziehen lassen.

15 Minuten
180 Gramm (Dip)

Petersilienpaste

Zutaten

1/2 Knoblauchzehe
30 g Petersilie
100 g Schafskäse (Feta)
1 EL Joghurt

Den Knoblauch abziehen und klein hacken. Die Petersilie waschen, trockenschwenken, die Stiele entfernen und die Blätter klein schneiden.

Knoblauch, Petersilie, Käse und Joghurt in einem Mixer oder mit einem Pürierstab fein pürieren. Die Paste in ein Schraubglas geben und kühl stellen.

Patlıcan içi kavurması

20 Minuten
für 4 Personen

Gebratenes Auberginenfleisch

Die Auberginen waschen, schälen und Stielansätze entfernen. Jede Aubergine in 3 längliche Stücke schneiden und diese vierteln. Die Zwiebeln abziehen und klein hacken. Die Tomaten waschen und würfeln. Den Knoblauch abziehen und vierteln.

Öl, Auberginen, Zwiebeln, Tomaten und Knoblauch in eine Pfanne geben, salzen und wenig Zucker darüber streuen. Bei starker Hitze 8 Minuten braten. Heiß servieren.

Zutaten

4 längliche Auberginen
3 Zwiebeln
3 mittelgroße Tomaten
2 Knoblauchzehen
100 ml Sonnenblumenöl
1 TL Salz
1 Messerspitze Zucker

Tipp **Ideal als Vorspeise oder als Beilage zu Fisch- oder Fleischgerichten. Die Zutatenmengen reichen in der Regel für 4 Personen, als Beilage oder Vorspeise. Bleibt etwas übrig, kann man das Gericht auch am nächsten Tag prima kalt essen oder aufwärmen.**

Rakı

Eigentlich ist im Islam der Genuss von Alkohol verboten. In der Türkei ist Rakı allerdings so beliebt, dass man hier gerne eine Ausnahme macht. Der hochprozentige Anisschnaps (40 bis 50 Prozent Alkohol) wird traditionell in kleinen Gläsern serviert. Besonders Mutige und Unbelehrbare trinken ihn pur, die meisten Rakıfans verdünnen ihn jedoch mit Wasser. Dadurch erhält er eine milchige Farbe, weshalb er auch „aslan süt" – Löwenmilch – genannt wird. In geselliger Runde wird schnell mal die eine oder andere Flasche geleert. Man isst dazu auch gerne „meze", die typisch türkischen Vorspeisen – wobei es in manchen Situationen zu klären bleibt, ob diese als Sättigung oder als Grundlage für den Rakı dienen ...

60 Minuten
für 4 Personen

Patlıcan salatası

Auberginensalat

Der Auberginensalat ist ideal, um zu einem Grillfest mitgenommen zu werden, denn die Zutaten können mühelos vorbereitet und gut verpackt werden. Die Auberginen lassen sich entweder direkt auf dem Grill oder auf einem Blech grillen.

Zutaten

4 große, runde Auberginen
2 Knoblauchzehen
2 Frühlingszwiebeln
1 Bund Petersilie
3 mittelgroße Tomaten
3 EL Öl
3 EL Essig
1 TL Salz
Pfeffer

Den Backofen auf 200 °C (Umluft 180 °C, Gas Stufe 3–4) vorheizen.

Die Auberginen waschen, mit einem Messer mehrmals durchstechen und 30 Minuten im heißen Backofen backen (oder 20 Minuten auf einen vorgeheizten Grill legen). Die Auberginen dabei mehrmals wenden, damit sie von allen Seiten gar werden. Aus dem Backofen nehmen und abkühlen lassen.

In der Zwischenzeit den Knoblauch abziehen und fein hacken. Die Frühlingszwiebeln, die Petersilie und die Tomaten waschen und klein schneiden. Alle diese Zutaten in einer Schüssel vermischen.

Die ausgekühlten Auberginen schälen und in kleine Würfel schneiden. Es empfiehlt sich, die Samen der Auberginen mit einem Löffel oder einem Messer zu entfernen, da sie einen bitteren Geschmack haben; dies ist aber nicht zwingend notwendig. Die Auberginen mit den Zutaten in der Schüssel verrühren. Öl und Essig unterrühren, salzen und pfeffern.

Tipp **Der Auberginensalat schmeckt sowohl warm als auch kalt sehr gut.**

30 Minuten
für 4 Personen

Kisir

Couscoussalat

Zutaten

300 g Couscous
(oder feiner Bulgur)
Salz
50 g Butter
100 ml Olivenöl
1 große rote Zwiebel
2 Knoblauchzehen
2 EL Tomatenmark
1 Bund Dill
1 Bund glatte Petersilie
1 TL scharfes Paprikapulver
Pfeffer
Saft von 1/2 Zitrone

300 Milliliter Wasser in einem Topf zum Kochen bringen und von der Kochstelle nehmen. Couscous, 1 Prise Salz und die Butter einrühren und etwa 5 Minuten quellen lassen. 1 Esslöffel Olivenöl unterrühren. Den Topf mit einem Papiertuch abdecken, mit einem Deckel verschließen und den Couscous weitere 10 Minuten ruhen lassen. Den Couscous anschließend in eine große Schale umfüllen, mit einem Holzlöffel auflockern, sodass keine Klumpen entstehen, und abkühlen lassen.

Zwiebel und Knoblauch abziehen und fein hacken. Das restliche Olivenöl in einer Pfanne erhitzen und Zwiebeln und Knoblauch darin dünsten. Das Tomatenmark zugeben, 3 Minuten unter ständigem Rühren anbraten und mit 100 Milliliter Wasser verdünnen. Die Mischung unter den Couscous ziehen.

Dill und Petersilie waschen, klein schneiden und zum Couscous geben. Mit Paprikapulver, Salz und Pfeffer würzen. Zitronensaft einrühren und alles gut vermengen.

Wieso eigentlich Kümmeltürke?

Eines schönen Sommertages lief ich, neu zugezogen in Hamburg, durch den schicken Stadtteil Eppendorf. Ich schaute mir die Menschen, die Läden und die Häuser an. Ein Straßenname brachte mich ins Grübeln: Kümmelstraße. Mir war klar, dass es sich auf dem Schild nicht um einen Tippfehler handelte, dennoch fragte ich mich, woher der Name „Kümmel“ und „Kümmeltürke“ stammte.

Ich machte mich auf die Suche und fand Erstaunliches. Er stammt aus der Gegend der ostdeutschen Stadt Halle. Hier wurde vor einigen Jahrhunderten noch Kümmel angebaut und diese Region Kümmeltürkei genannt, wobei Kümmel auch als Synonym für Gewürze diente und die Türkei gleichbedeutend mit dem Orient war, woher die Gewürze kamen. Später bezeichnete man Studenten dieser Gegend als Kümmeltürken.

Çoban salatası

25 Minuten
für 4 Personen

Hirtensalat

Die Tomaten waschen und würfeln. Die Gurke schälen und klein schneiden. Die Frühlingszwiebeln waschen und in feine Ringe schneiden.

Die Petersilie, den Dill, den Rucola und die Kresse waschen, trockenschütteln und fein hacken. Die Peperoni waschen, Samen und Stielansätze entfernen und das Fruchtfleisch in feine Ringe schneiden. Den Schafskäse in kleine Würfel schneiden.

Alle vorbereiteten Zutaten in einer Schüssel mit dem Öl und dem Essig vermischen. Den Salat mit Salz und Pfeffer würzen und sofort servieren.

Info **In der Türkei werden Salate immer klein und fein gehackt serviert. Große Salatblätter oder Tomatenscheiben, wie sie hier oftmals in Restaurants serviert werden, sind in der Türkei unüblich.**

Zutaten

3 Tomaten
1/2 Salatgurke
3 Frühlingszwiebeln
1 Bund Petersilie
1 Bund Dill
1/2 Bund Rucola
1 EL Kresse
1 Peperoni (mild oder scharf)
150 g Schafskäse (Feta)
4 EL Olivenöl
2 EL Essig
Salz
Pfeffer

Anscheinend geriet der Name lange in Vergessenheit, bis meine Landsleute in den 1960er Jahren verstärkt in Deutschland auftauchten. Der Begriff war wiedergeboren, und niemand erinnerte sich mehr an seine Ursprünge.

So glaubt man kaum, dass heutzutage mehr Kümmel in Kraut & Co. als im Döner oder Fladenbrot zu finden ist.

60 Minuten
für 4 Personen

Mercimek çorbası

Linsensuppe

Zutaten

250 g rote Linsen
1 EL Reis
Salz
2 Zwiebeln
100 ml Sonnenblumenöl
1 EL Mehl
1 EL Tomatenmark
Pfeffer
1/2 Bund glatte Petersilie

Die Linsen und den Reis unter fließendem Wasser abspülen. Beide in einen Topf füllen, 300 Milliliter Wasser dazugeben, salzen und bei mittlerer Hitze etwa 10 Minuten kochen.

Inzwischen die Zwiebeln abziehen und klein schneiden. Das Öl in einer Pfanne erhitzen und die Zwiebeln darin einige Minuten dünsten. Das Mehl zufügen und unter Rühren 2 bis 3 Minuten mitrösten. Das Tomatenmark dazugeben, kurz verrühren und 200 Milliliter warmes Wasser zugießen. Mit Salz und Pfeffer würzen.

Die Würzmischung zu den Linsen und dem Reis in den Topf geben und alles zusammen weitere 5 Minuten leise kochen lassen.

Die Petersilie waschen, trockenschütteln und klein schneiden. Die Suppe in Suppentellern anrichten und die Petersilie darüber streuen.

Info **Rote Linsen kommen schon geschält in den Handel und müssen vor der eigentlichen Zubereitung nicht zeitaufwändig eingeweicht werden wie andere Linsen. Geschälte rote Linsen zerfallen beim Garen recht schnell und eignen sich deshalb auch für pürierte Speisen.**

Yoğurtlu çorba

30 Minuten
für 4 Personen

Joghurtsuppe

Den Reis in einem engmaschigen Sieb unter fließendem Wasser auswaschen und abtropfen lassen.

Den Joghurt mit 1/2 Liter kaltem Wasser in einem Topf mit einem Schneebesen gut verrühren. Den Reis dazugeben, alles zum Kochen bringen und etwa 15 Minuten leise kochen lassen, bis er weich ist. Zwischendurch immer mal wieder mit dem Schneebesen sanft verrühren, damit nichts am Topfboden anbrennt. Zum Schluss die frische Minze unterrühren.

Für die Sauce die Butter mit dem Tomatenmark in einer Pfanne unter Rühren erhitzen und nach Bedarf 2 bis 3 Esslöffel Wasser dazugeben. Mit Salz würzen.

Die Joghurtsuppe in Tellern anrichten und mit der Tomatenmarksauce verfeinern.

Tipp **Die Joghurtsuppe ist eine leicht verdauliche Suppe, die an heißen Sommertagen herrlich erfrischend ist.**

Zutaten

200 g Reis
500 g Naturjoghurt
2 EL fein geschnittene frische Pfefferminze

Sauce
50 g Butter
1/2 EL Tomatenmark
1 TL Salz

14 Tage
Vorratsportion

Tarhana

Suppenmehl

Zutaten

1 1/2 kg Naturjoghurt (3,5 % Fett)
3 kg lange, milde rote Paprikaschoten
100 g scharfe rote Chilischoten
1 kg Zwiebeln
1/3 Würfel frische Hefe
1 Bund getrocknete Minze (oder frische Minze einige Tage im Zimmer auf Zeitungspapier trocknen lassen)
5 EL Salz
3 kg Mehl

Info

Tarhana ist in der Türkei und auch bei Türken in Deutschland die Grundlage für eine sehr beliebte Suppe. Tarhanasuppe ist würzig-erfrischend und wird normalerweise aufwändig selbst hergestellt. Am besten schmeckt dieses Suppenmehl, wenn es – wie in der Türkei – in der Sonne getrocknet und gelüftet wird. Aber man kann es auch in Deutschland selbst herstellen. Dafür sollte man sich zunächst einen Tag Zeit nehmen. Die Zubereitung insgesamt, mit Trocknen, dauert etwa 14 Tage.

Am Vorabend der Zubereitung den Joghurt in einen Baumwollsack oder eine Baumwolltasche füllen, mit einer Schnur zubinden, über einem Waschbecken aufhängen und über Nacht abtropfen lassen.

Paprika- und Chilischoten waschen, trockentupfen, Samen und Stielansätze entfernen. Zwiebeln abziehen und waschen. Zusammen in einer Küchenmaschine zerhacken, in eine Schüssel geben und verrühren. Zugedeckt ebenfalls über Nacht ruhen lassen.

Am nächsten Morgen in einer Schüssel den Joghurt und die Gewürzpaste miteinander vermengen. Die Hefe in etwas lauwarmem Wasser auflösen und unterrühren. Die getrocknete Minze (Blätter und Stiele) mit den Händen zerbröseln und ebenfalls untermischen. Das Salz dazugeben. Das Mehl unterrühren und alle Zutaten so lange kneten, bis der Teig weich wie Ohrläppchen ist (siehe Anekdote Seite 88); bei Bedarf den Mehlanteil variieren.

Den Teig in eine Baumwolltasche füllen, zuschnüren und für 10 bis 12 Tage zum Säuern in einem Raum (Küche) abstellen. Dafür muss er auf einer Unterlage ruhen, auf der die Flüssigkeit abfließen kann. Am besten nimmt man dafür ein Backofengitter und stellt es auf eine große Schüssel. Darauf stellt man den eingepackten Teig. Es ist wichtig, dass er wirklich abtropfen kann und nicht in seinem eigenen Sud liegt, denn sonst verdirbt er. Alle zwei Tage die Tasche öffnen und den Teig mit etwas Mehl mit den Händen verkneten, damit er nicht klumpt. Sollte die Baumwolltasche triefend nass sein, muss man eine neue Baumwolltasche, die man innen mit Mehl auslegt, nehmen und den Teig darin die verbleibende Zeit lagern. Am Ende der 10 bis 12 Tage muss der Teig so weich wie normaler Brotteig sein, er darf nicht zu feucht und nicht zu trocken sein.

Nach der langen Ruhephase wird der Teig weiterverarbeitet. Dafür einen großen Tisch mit einem sauberen Bettlaken oder einem anderen Stück Stoff auslegen und mit Mehl bestreuen. Den Teig mit den Händen in kleine Stücke

„pflücken“ und auf das Laken legen. Nach etwa 1 Stunde den Teig weiter mit den Händen zerbröseln. Der Teig darf aber nicht zu feucht oder zu trocken sein. Dann den gesamten Teig durch ein ganz feines Sieb drücken, bis er fein gerieben beziehungsweise gesiebt ist.

Das feine Pulver, das nun die Konsistenz von Grieß hat, gleichmäßig auf dem Laken verteilen, das man zuvor erneut mit Mehl bestreut hat. So lässt man das Suppenmehl 2 bis 3 Tage drinnen trocknen. In der prallen Sonne würde das rötliche Pulver verblassen. Zum Schluss 2 bis 3 Esslöffel getrocknete Minze untermischen. Das Suppenmehl in ein Baumwollsäckchen füllen; es hält sich ein Jahr lang.

Info

Die Zutatenmengen ergeben 3 Kilogramm Tarhanamehl. Da man pro Suppenmahlzeit für 4 Personen etwa 70 Gramm braucht, reicht die Menge Mehl für 170 Suppenportionen.

Tarhana çorbası

15 Minuten
für 4 Personen

Tarhanasuppe

Die Tomate waschen, häuten und in kleine Stücke schneiden. Den Knoblauch abziehen und klein hacken.

Die Butter in einem Topf erhitzen und die Tomatenstücke und den Knoblauch darin kurz andünsten. Das Tomatenmark dazugeben und unter Rühren kurz anbraten. 1 Liter kaltes Wasser unterrühren.

Tarhanamehl langsam unterrühren und unter ständigem Rühren (wichtig, da die Suppe sonst verklumpt) zum Kochen bringen. Etwa 10 Minuten leise kochen lassen, salzen und heiß servieren.

Tipp **Man kann das Tarhanamehl natürlich auch in türkischen Supermärkten kaufen. Aber selbst gemacht schmeckt es doch am besten.**

Zutaten

1 Tomate
1 Knoblauchzehe
60 g Butter
1/2 EL Tomatenmark
70 g Tarhana-Suppenmehl
(siehe Rezept S. 34)
1 1/2 TL Salz

Zutaten

1 TL frische Hefe
5 Knoblauchzehen
1 kg grüne Tomaten
6 EL Salz
1/2 TL Zucker
200 ml Weinbranntessig
1/2 TL Zitronensäure (Limon tuzu; zur Verwendung in Lebensmitteln)
3 EL getrocknete Kichererbsen
1/2 Bund glatte Petersilie

Die Hefe in ein grobmaschiges, sauberes Stück Stoff einwickeln und zuschnüren. Den Knoblauch nur abziehen. Die Tomaten waschen und am „Bauch" zur Hälfte einschneiden, nicht halbieren!

1 Liter kaltes Wasser in ein hohes Gefäß mit Deckel füllen und Salz, Zucker, Essig und Zitronensäure darin auflösen. Auf den Grund des Gefäßes die eingewickelte und zugeschnürte Hefe platzieren und 1 Esslöffel Kichererbsen dazugeben. Die Hälfte der Tomaten in das Glas schichten und einen weiteren Esslöffel Kichererbsen dazugeben. Die restlichen Tomaten, die restlichen Kichererbsen und die geschälten Knoblauchzehen im Ganzen einlegen. Die Petersilie waschen und als Letztes in das Glas legen.

Das Gefäß luftdicht verschließen. Der ideale Ort für die Gewürztomaten ist ein warmer Platz ohne direkte Sonnenstrahlung, zum Beispiel ein Fach im Küchenschrank. Die Tomaten werden 3 Wochen gelagert. Sie halten anschließend bis zu 6 Monate.

Tipp **Ideal als Einmachglas sind hohe Glasgefäße mit einem fest schließenden Deckel. Das eingelegte Gemüse wird ähnlich wie Gewürzgurken als Beilage zu den Mahlzeiten gegessen.**

Info **Eingelegtes Gemüse ist in der Türkei als Beilage zu den Mahlzeiten äußerst beliebt. Auch andere Arten eignen sich gut für diese Konservierungsmethode. Gut schmeckt zum Beispiel eine Mischung aus Möhren, Blumenkohl und Peperoni, nach Wunsch auch zusammen mit den grünen Tomaten. Zum Einlegen werden Möhren geschält und halbiert, Blumenkohl in Röschen geteilt und Peperoni längs halbiert und mit(!) Samen verwendet. Alle anderen Zutaten und auch die Zubereitungsweise entsprechen dem Rezept der eingelegten grünen Tomaten.**

Yeşil domates turşusu

30 Minuten vorbereiten,
3 Wochen lagern
Vorratsportion

Eingelegte grüne Tomaten

Wer sich schon immer gewundert hat, warum es in türkischen Supermärkten grüne Tomaten gibt, findet hier die Lösung. Im Herbst werden die unreifen Früchte angeboten, um sie wie Gewürzgurken einzulegen. Sie schmecken fruchtig-würzig.

60 Minuten
für 6 Personen

Işkembe çorbası

Kuttelsuppe

Zutaten

400 g Kutteln
vom türkischen Metzger
100 g Kichererbsen
aus der Dose
50 g Butter
3 EL Mehl

Sauce
1 große Knoblauchzehe
1 Ei
Saft von 1/2 Zitrone
1 TL Salz
2 EL Weinessig

Außerdem
50 g Butter
1 TL rotes Paprikapulver

Die Kutteln gründlich auswaschen und in kleine mundgerechte Stücke schneiden. 1 Liter Wasser in einem Topf erhitzen und die Kutteln darin zugedeckt 30 Minuten bei schwacher Hitze kochen. Kutteln herausnehmen und abtropfen lassen, den Sud verwahren.

Die Kichererbsen unter kaltem Wasser abbrausen und zur Seite stellen. Die Butter in einem Topf erhitzen und das Mehl unterrühren. Die Hälfte der Kuttelbrühe zugeben und kurz aufkochen. Kutteln, Kichererbsen und die restliche Brühe zufügen und bei sehr schwacher Hitze 10 Minuten leise kochen lassen.

Inzwischen für die Sauce den Knoblauch abziehen, zerstampfen und mit dem Ei in einer Schüssel verquirlen. Zitronensaft, Salz und Essig unterrühren.

Die Butter in einer Pfanne zerlassen. Die Kutteln in Suppentellern anrichten, je nach Geschmack 1 bis 2 Esslöffel Sauce darüber geben, mit der zerlassenen Butter würzen und etwas Paprikapulver darüber streuen.

Tipp **Kaufen Sie die Kutteln bei einem türkischen Metzger. Hier sind sie bereits gesäubert und gegart und können ohne aufwändige Vorbereitung zubereitet werden.**

Info **In der Türkei ist die Kuttelsuppe bei Groß und Klein, auf dem Land und in der Stadt ein sehr beliebtes Gericht. Was nach einer durchzechten Nacht in Deutschland der Saure Hering ist, ist in den Vergnügungsvierteln und -orten der türkischen Großstädte die Kuttelsuppe, weshalb die Suppenküchen in den entsprechenden Gegenden die ganze Nacht geöffnet haben.**

Balık çorbası

Fischsuppe

60 Minuten
für 6 Personen

Den Fisch unter fließendem kaltem Wasser abbrausen und in einem Topf mit 1 1/2 Liter Wasser zum Kochen bringen. Die Zwiebeln abziehen und unzerkleinert zum Fisch geben. Die Zitrone auspressen und zum Fisch geben. Je 1 Teelöffel Salz und Pfeffer einstreuen. Den Fisch bei mittlerer Hitze 15 bis 20 Minuten kochen.

Den gegarten Fisch herausheben, abtropfen und abkühlen lassen. Den Sud aufbewahren. Den Fisch nach Bedarf entgräten und in mundgerechte Stücke zerrupfen.

Den Knoblauch abziehen und klein hacken. Die Tomate und die Sellerieblätter waschen, die Kartoffeln schälen und alles klein schneiden.

Die Butter in einem Topf erhitzen und den Knoblauch darin kurz dünsten. Alle vorbereiteten Zutaten zugeben und unter Rühren kurz mitdünsten. Fischbrühe zugießen und alles zusammen 15 bis 20 Minuten leise kochen lassen.

In der Zwischenzeit die Eier in einer Schüssel aufschlagen, Milch und Mehl zugeben und gut verquirlen. Die Flüssigkeit zur Fischsuppe geben, den zerkleinerten Fisch beimischen, 1 Teelöffel Salz zufügen und bei schwacher Hitze 5 Minuten nur leise kochen lassen. Die Hitzezufuhr abstellen und den Topf auf der Kochstelle stehen lassen. Zum Schluss die Petersilienblätter einrühren und servieren.

Zutaten

1 weißfleischiger Kochfisch (z. B. Barsch) etwa 500 g
1 Zitrone
3 mittelgroße Zwiebeln
2 TL Salz
1 TL Pfeffer
4 kleine Knoblauchzehen
1 große Tomate
2 Hand voll Sellerieblätter
5 kleine Kartoffeln
50 g Butter
2 Eier
1/2 l Milch
3 EL Mehl
1 Hand voll Petersilienblätter zum Garnieren

SOMMER KULTURFEST
Türkiz
Türkiz

Vegetarische Vielfalt

Unter der türkischen Sonne von Anatolien bis zur Ägäischen Küste gedeihen zahlreiche Gemüsearten, von denen die Aubergine eine Sonderstellung einnimmt. In der arabischen Welt wird sie zuweilen Königin aller Gemüse genannt, und so wundert es nicht, dass es unzählige Rezepte für ihre Zubereitung gibt. Doch auch die langen hellgrünen Paprikaschoten, Zucchini, Tomaten, Gurken, Oliven, Zwiebeln, Bohnen und andere bereichern das vegetarische Angebot der Türkei. Frische und Qualität sind Garant für kulinarischen Genuss, der durch die Zugabe von wertvollem Olivenöl beim Garen oder auf die kalten Speisen noch gesteigert wird.

Ohne Worte

Es ist seltsam, wenn es keine Wörter gibt, mit denen man etwas beschreiben kann. Wenn man sprachlos ist, obwohl man sprechen möchte. Ich kenne zwei Arten der Sprachlosigkeit. Die eine ist die, wenn man nicht sprechen kann, weil man die Sprache nicht beherrscht. Darunter leiden noch heute viele Ausländer. Die andere ist die, wenn man nicht sprechen kann, weil es dafür noch keine Wörter gibt. Darunter litten viele Ausländer in den Anfängen des Gastarbeiterstromes in Deutschland.

Kreativ zeichnend

Ich denke da oft an meine Schulzeit Mitte der 1970er Jahre zurück. An die Pausen, wenn meine Grundschulfreunde erzählten, was es mittags bei Mutti zu essen gab: Rotkohl, Rinderroulade und so weiter und so fort. Sie wollten natürlich auch wissen, wie wir Türken kochten. Abgesehen davon, dass ich nie im Voraus wusste, was meine Mutter für den Mittag vorhatte, weil wir Türken einfach nicht viel planen, konnte ich es häufig auch gar nicht erklären.

Mir fehlten einfach die Worte: Wie sollte ich Bamya (Okra) beschreiben oder Roka (Rucola) oder Nohut (Kichererbse)? In Deutschland existierten die Begriffe noch nicht, mit denen ich unsere Esskultur hätte erläutern können. Vielleicht kannte man sie in der Botanik, aber bestimmt nicht im allgemeinen Sprachgebrauch. Also stand ich auf dem Pausenhof und versuchte, meinen Mitschülern die türkische Lebensart näher zu bringen. Aber wie sollte dies funktionieren, wenn einem die richtigen Ausdrücke fehlten? Selbst meine kreativen Zeichnungen dieser mysteriösen Obst- und Gemüsearten waren der deutsch-türkischen Verständigung kaum förderlich.

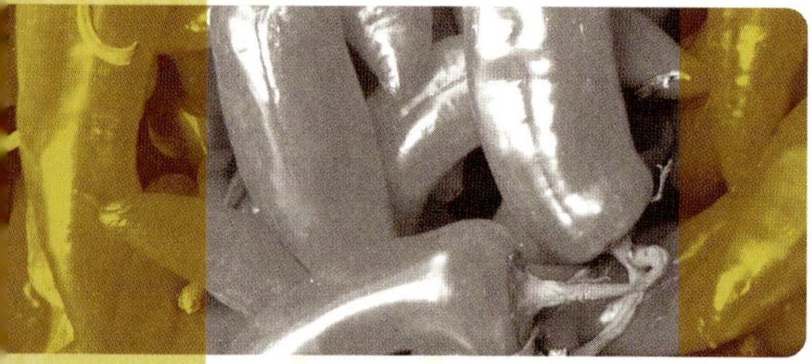

Erst im Nachhinein begriff ich, dass wir Ausländer schneller mit unserer Kultur und unseren Essgewohnheiten in der Bundesrepublik waren, als es den Deutschen möglich war, die dazugehörigen Übersetzungen zu kreieren. Mittlerweile sind die Regale in ausländischen und deutschen Supermärkten hierzulande voll von internationalen Lebensmitteln – der Völkerwanderung sei Dank!

Wild gestikulierend

Die Tante meiner Mutter nahm nie ein Blatt vor den Mund. Egal, ob sie die Sprache beherrschte oder nicht, sie wusste sich immer zu helfen. Gerade in Deutschland angekommen, begab sie sich schon auf ihre erste „Shoppingtour", sie wollte einige Grundnahrungsmittel besorgen. Sie fand einen Tante-Emma-Laden und wollte Eier kaufen. Da sie kein Wort Deutsch sprach, formte sie mit den Händen kleine Kreise in die Luft, aber die Verkäuferin stand ratlos hinter der Theke und wusste ihr nicht zu helfen. Also nahm die Tante meiner Mutter ihre Hände zu Hilfe, machte den „Ententanz" und rief lauthals: „gack, gack, gack". Das saß, das versteht auch jedes Kind. Glücklich ging sie mit ihren sechs Eiern nach Hause und freute sich auf ihre Rühreier nach „Menemen"-Art (Rezept Seite 116).

Wat is dat denn?

Nicht nur wir Ausländer mussten in Deutschland eine Menge lernen. Auch die Deutschen machten vielzählige Erfahrungen mit uns, unserem Leben und unserer Kultur. Die vielen Sommerferien in der Türkei dienten sowohl dazu, unsere zahlreichen Familienmitglieder wiederzusehen, als auch Nahrungsmittel aus der Türkei nach Deutschland zu transportieren. Bei einer dieser vielen Reisen brachten wir auch irgendwann einige Wassermelonen mit. Mein Vater nahm eine mit zur Arbeit in die Fabrik. Dort bot er natürlich seinen deutschen Kollegen einige Scheiben der leckeren Frucht an. Sie nahmen sie auch gerne an, hielten die Wassermelone ratlos in den Händen, begutachteten sie von allen Seiten und fragten meinen Vater schließlich im rheinländischen Dialekt: „Wat is dat denn? Muss ich dat Grün drumherum auch essen?"

90 Minuten
für 4 Personen

Biber dolması

Gefüllte Paprikaschoten

Zutaten

12 EL Langkornreis (pro Paprikaschote 1 EL Reis)
12 runde grüne Paprikaschoten
Salz
2 Zwiebeln
1 Knoblauchzehe
1 Bund glatte Petersilie
1 TL Tomatenmark
etwa 150 g Hackfleisch vom Rind oder Lamm
gut 200 ml Sonnenblumenöl
1/2 TL Pfeffer
2 große Tomaten

Den Reis abbrausen, in einem engmaschigen Sieb abtropfen lassen und in eine Schüssel füllen.

Die Paprikaschoten am Stielansatz 1/2 Zentimeter anschneiden. Am besten entfernt man den Stiel und die Samen, indem man den Stielansatz mit dem Daumen leicht eindrückt und diesen mit den Samen aus der Schote „drehend“ löst. Die Schoten auswaschen und im Inneren mit Salz einreiben; das geht am besten mit den Fingern. Die Paprikaschoten mit der Öffnung nach unten auf ein Tablett stellen, damit die Flüssigkeit abtropfen kann.

In der Zwischenzeit die Zwiebeln und den Knoblauch abziehen und fein hacken. Die Petersilie waschen und klein schneiden. Diese drei Zutaten zusammen mit dem Tomatenmark und dem Hackfleisch zum Reis geben.
100 Milliliter Öl zugießen, mit Salz und Pfeffer würzen und die Masse mit den Händen verkneten.

Die Tomaten waschen und in Scheiben schneiden. Die Füllung in die Paprikaschoten geben und mit je einer Tomatenscheibe abdecken.

Den Boden eines Topfes mit Öl bedecken und die gefüllten Paprikaschoten mit der Öffnung nach oben hineinsetzen. 200 Milliliter Wasser zugießen, 50 Milliliter Öl über die Paprika träufeln und zugedeckt bei mittlerer Hitze auf der Kochstelle etwa 30 Minuten garen. Die gefüllten Paprikaschoten schmecken sowohl warm als auch kalt.

Tipp **Die Paprikaschoten heißen in türkischen Supermärkten *dolmalık*. Wenn man *dolmalık biber* kauft, liegt man immer richtig. Diese Paprikaschoten haben im Gegensatz zu den „normalen“ Paprikaschoten einen etwas bittereren Geschmack und eine andere Schale.**

Pilavlı ıspanak

30 Minuten
für 2 Personen

Spinat mit Reis

Den Spinat waschen, putzen und die Blätter mehrmals in kaltem Wasser waschen. Die Zwiebel abziehen und in kleine Stücke schneiden.

Den Boden einer großen, tiefen Pfanne oder eines Topfes mit Olivenöl bedecken. Die Hälfte der unzerkleinerten Spinatblätter einlegen. Den Reis und die Zwiebelstücke über den Blättern verteilen und den restlichen Spinat auflegen. Mit Salz und Zucker würzen und zugedeckt 10 bis 15 Minuten bei mittlerer Hitze kochen, bis der Reis gar ist. Zwischendurch mit einem Holzlöffel vorsichtig verrühren. Den Spinat warm oder kalt mit der beliebten Joghurtsauce oder mit Naturjoghurt ohne Knoblauch servieren.

Zutaten

1 kg frischer Spinat
1 Zwiebel
ca. 100 ml Olivenöl
2 EL Reis
1 TL Salz
1 Messerspitze Zucker

Sebzeli pilav

30 Minuten
für 4 Personen

Reis mit Gemüse

Die Zwiebel abziehen und in dünne Scheiben schneiden. Das andere Gemüse waschen und putzen. Die Möhre und die Paprikaschote in kleine Scheiben schneiden. Den Zucchino der Länge nach vierteln und in kleine Stücke schneiden. Die Selleriestange klein schneiden.

Den Boden einer Pfanne mit Olivenöl bedecken. Das Gemüse zugeben, erst jetzt die Pfanne erhitzen und das Gemüse etwa 5 Minuten anbraten.

In der Zwischenzeit den Reis unter fließendem Wasser kurz abbrausen. Den Reis zum Gemüse geben und 250 Milliliter Wasser dazugießen. Den Pfanneninhalt mit Salz würzen und etwa 15 Minuten kochen, bis der Reis gar ist. Die Gemüsebrühe einrühren und alles einige Minuten ziehen lassen. Warm servieren.

Zutaten

1 Zwiebel
1 Möhre
1 rote Paprikaschote
1 Zucchino
1 Stange Staudensellerie
Olivenöl
200 g Reis
Salz
1 EL körnige Gemüsebrühe

120 Minuten
für 4-6 Personen

Yaprak sarması

Gefüllte Weinblätter

Frische Weinblätter sind für dieses Gericht nicht notwendig. Am besten eignen sich in Lake eingelegte Blätter, denn sie sind angenehm geschmeidig. Frischer Zitronensaft verleiht ihrem wunderbar würzigen Geschmack eine besondere Note.

Zutaten

750 g Reis
1 große Zwiebel
2 Knoblauchzehen
100 ml Sonnenblumenöl
2 EL Tomatenmark
1 Bund glatte Petersilie
Salz
Pfeffer
1 Glas eingelegte Weinblätter (etwa 400 g)
Saft von 1 Zitrone

Sauce
1 Knoblauchzehe
Salz
500 g Naturjoghurt

Den Reis unter kaltem Wasser waschen und in einem engmaschigen Sieb abtropfen lassen. Zwiebel und Knoblauch abziehen und klein schneiden.

Die Hälfte des Öls in einer Pfanne erhitzen und Zwiebel und Knoblauch darin anschwitzen. Das Tomatenmark zufügen und kurz anbraten. Den Reis und 200 Milliliter heißes Wasser zugeben. 5 Minuten bei mittlerer Hitze leise kochen lassen. Falls die Reiskörner zu hart sind oder das Wasser komplett aufgesogen ist, etwas Wasser nachgießen. Der Reis sollte aber noch körnig sein, da er in den Weinblättern etwa 60 Minuten gegart wird.

Die Petersilie waschen, klein hacken und zum Reis geben. Mit Salz und Pfeffer würzen und von der Kochstelle nehmen.

Inzwischen die Weinblätter aus dem Glas nehmen, auseinander falten und auf einem Tablett übereinander stapeln. Die Blätter portionsweise unter heißem Wasser abspülen und anschließend in einem Topf mit kochendem Wasser 5 Minuten blanchieren, herausnehmen und abtropfen lassen.

Die Weinblätter mit der glatten Seite nach unten auf eine Unterlage (Teller, Brett) legen. Die Stiele abschneiden. Jeweils etwa 1 Esslöffel der Reismischung auf den Stielansatz geben, die Seiten der Blätter über die Füllung nach innen klappen und die Blätter vom Stielende zur Spitze hin zusammenrollen. Sie dürfen nicht zu eng gerollt werden, da die Reisfüllung später im Kochtopf noch quillt.

Den Boden eines großen Topfes mit dem restlichen Öl bedecken, die gefüllten Weinblätter eng nebeneinander einlegen und übereinander schichten. Den Zitronensaft über die Blätter träufeln. Einen kochfesten Teller umgekehrt auf die Röllchen legen, etwa 600 Milliliter heißes Wasser zugeben und den Topf mit seinem Deckel verschließen. 3 Minuten aufkochen lassen, anschließend bei schwacher Hitze etwa 60 Minuten leise kochen lassen.

Für die Sauce den Knoblauch abziehen, in Salz zerstampfen und in dem Joghurt verrühren. Zum Essen die Weinblätter, kalt oder warm, in die Knoblauchsauce tunken.

40 Minuten
für 4 Personen

Zeytinyağlı taze fasülye

Grüne Bohnen in Olivenöl

Zutaten

1 kg grüne Bohnen
2 Zwiebeln
2 große Tomaten
100 ml Olivenöl
1 EL Tomatenmark
1 TL Salz
1/2 TL Pfeffer
1 Messerspitze Zucker
einige Spritzer Zitronensaft

Die grünen Bohnen waschen, Enden abschneiden und Fäden an den Seiten abziehen. In etwa 5 Zentimeter lange Stücke schneiden oder brechen. Die Zwiebeln abziehen und klein schneiden. Die Tomaten waschen und achteln.

Das Öl in einen Topf geben und Zwiebeln, Tomaten und Bohnen darin kurz anschwitzen. Tomatenmark, Salz, Pfeffer und Zucker dazugeben und das Gemüse im eigenen Sud 30 Minuten garen. Erst wenn die Bohnen eine gelbliche Farbe annehmen, 100 Milliliter heißes Wasser zugießen. Sie sollen noch etwas knackig sein.

Vor dem Verzehr etwas Zitronensaft auf die Bohnen träufeln.

15 Minuten
für 4 Personen

Zeytinyağlı pazı

Mangold in Olivenöl

Zutaten

1 Bund Mangold (etwa 750 g)
1 Zwiebel
100 ml Olivenöl
1 TL Salz
1 Messerspitze Zucker

Sauce
250 g Naturjoghurt
1 Knoblauchzehe
1 Prise Salz

Den Mangold waschen, putzen und in 3 Zentimeter lange Stücke schneiden. In kochendem Wasser etwa 1 Minute blanchieren, herausnehmen und in einem Sieb abtropfen lassen.

Die Zwiebel abziehen und klein schneiden. Das Olivenöl erhitzen und die Zwiebelstücke darin kurz anbraten. Mangold, Salz und Zucker zugeben und 5 bis 10 Minuten dünsten.

Den Knoblauch abziehen, zerstampfen und mit Joghurt und Salz verrühren. Die Sauce kurz ziehen lassen.

Den Mangold auf Tellern anrichten und je 1 Esslöffel Knoblauchjoghurt dazugeben.

Zeytinyağlı semiz otu

30 Minuten
für 2 Personen

Portulak in Olivenöl

Den Portulak waschen, putzen und in etwa 2 Zentimeter lange Stücke schneiden. Den Reis beziehungsweise den Bulgur unter fließendem Wasser abspülen und abtropfen lassen.

Die Zwiebel und den Knoblauch abziehen und fein hacken. Die Tomaten waschen, putzen und würfeln.

Das Öl in eine Pfanne geben, Zwiebel, Knoblauch, Tomaten, Zucker, Portulak und Reis oder Bulgur zugeben und bei mittlerer Hitze 10 bis 15 Minuten leise kochen lassen. Ab und zu mit einem Holzlöffel verrühren, damit nichts anbrennt. Salzen, pfeffern und heiß servieren.

In der Zwischenzeit für die Sauce den Knoblauch abziehen, klein schneiden und in einem Mörser mit dem Salz verreiben. Den Joghurt damit würzen.

Zutaten

1 Bund Portulak (etwa 250 g)
100 g Reis oder grob gemahlener Bulgur
1 mittelgroße Zwiebel
1 Knoblauchzehe
2 Tomaten
50 ml Olivenöl
1 Messerspitze Zucker
1 TL Salz
Pfeffer

Sauce
1 Knoblauchzehe
1/2 TL Salz
250 g Naturjoghurt

Tipp **Das Gericht kann auch mit Hackfleisch zubereitet werden. Dazu 150 Gramm Hackfleisch mit 1 gehackten Zwiebel in einer separaten Pfanne anbraten, zu den anderen Zutaten geben und 15 Minuten mitgaren.**

Info **Portulak ist in der Türkei, vor allem an der Westküste, ein sehr beliebtes Gemüse. Es lässt sich leicht und in vielen Variationen mit und ohne Fleisch zubereiten und schmeckt kalt oder warm gleichermaßen gut. Das leicht säuerlich schmeckende Gemüse ist in türkischen Supermärkten und auf gut sortierten Wochenmärkten erhältlich.**

Zutaten

2 große Auberginen
4 Zucchini
8 große, fest kochende Kartoffeln
10 grüne Peperoni
1/2 l Sonnenblumenöl zum Frittieren

Tomatensauce
1 Zwiebel
1 Dose geschälte Tomaten (400 g)

Knoblauchjoghurt
2 Knoblauchzehen
500 g Naturjoghurt
Salz

Auberginen und Zucchini waschen, abtrocknen und in dünne Scheiben schneiden. Kartoffeln schälen, waschen, gut abtupfen und in dünne Scheiben schneiden. Peperoni waschen, der Länge nach durchschneiden, dabei Stielansätze und Samen aber nicht entfernen.

So viel Sonnenblumenöl in die Pfanne geben, dass der Boden gut bedeckt ist. Die Pfanne erhitzen und zunächst die Kartoffeln in der Pfanne goldgelb von beiden Seiten anbraten, herausnehmen und in einer Schale abtropfen lassen. Anschließend die Zucchini in der Pfanne 2 bis 3 Minuten von beiden Seiten knusprig braten und herausnehmen. Das Öl kann immer wieder nachgegeben werden, da der Verbrauch beim Frittieren enorm hoch ist.

Die Auberginen in die Pfanne geben und von beiden Seiten anbraten. Da die Auberginen sehr fleischig sind, saugen sie sehr viel Öl auf. Zum Schluss die Peperoni frittieren. Aber Vorsicht: Die Gemüse, vor allem die Peperoni, spritzen in heißem Öl. Mit einem Spritzschutz immer gut abdecken. Es ist auch sinnvoll, Auberginen und Peperoni bis zum Schluss aufzuheben, da die Auberginen enorm viel Öl aufsaugen und die Peperoni teilweise sehr scharf sein können. Frittiert man sie als Erste, überträgt man die Schärfe und ihren intensiven Geschmack durch das Frittieröl auf die Kartoffeln, Zucchini und Auberginen.

In der Zwischenzeit für die Tomatensauce die Zwiebel abziehen und in Würfel schneiden. Die Zwiebelwürfel in dem restlichen Öl in der Pfanne dünsten. Die Tomaten zufügen und kurz anbraten. Von der Kochstelle nehmen und in einer Saucenschüssel servieren.

Inzwischen den Knoblauch abziehen, zerstampfen, in den Joghurt geben, salzen und gut verrühren. Das frittierte Gemüse auf Tellern anrichten, etwas Tomatensauce und Knoblauchjoghurt dazugeben und mit Fladenbrot servieren.

60 Minuten
für 4 Personen

Kızartma

Frittiertes Gemüse

Der Klassiker mit Erfolgsgarantie! Die Zubereitung nimmt zwar etwas Zeit in Anspruch, ist aber sehr einfach. Das frittierte Gemüse schmeckt warm und kalt, hält sich locker 2 bis 3 Tage und wird in der Türkei auch gerne zum Frühstück gegessen.

45 Minuten
für 4 Personen

Kabak köftesi

Zucchinipuffer

Zutaten

5 Zucchini
1 TL Salz
1 große Zwiebel
1 Bund glatte Petersilie
1 Bund Dill
3 Eier
2 EL Mehl
1 TL Backpulver
Pfeffer

Außerdem
Sonnenblumenöl zum Frittieren

Die Zucchini waschen, putzen, auf einer Reibe grob raspeln und in eine Schüssel geben. Die Zucchiniraspel salzen und etwa 10 Minuten ziehen lassen. Anschließend die Fruchtflüssigkeit mit einem Geschirrtuch gut auspressen, ansonsten fallen die Küchlein beim Frittieren auseinander. Die entsaftete Zucchinimasse in eine Schüssel geben.

Die Zwiebel abziehen und klein schneiden. Petersilie und Dill waschen und fein hacken. Zwiebel, Kräuter, Eier, Mehl, Backpulver, Salz und Pfeffer zur Zucchinimasse geben und alle Zutaten gut durchmischen.

Reichlich Öl in einer Pfanne erhitzen. Aus der Zucchinimasse kleine Puffer formen und etwa 3 Minuten von jeder Seite kross braten. Sie schmecken warm und kalt!

Das Wohlstandswunderland BRD

Lockenstab, Videorekorder, Nintendo, Polaroidkamera … Es mag an unserem Interesse für Hightech liegen oder einfach daran, dass wir zeigen wollten, dass auch wir Ausländer es zu materiellem Wohlstand bringen konnten – wir Türken hatten und haben immer das Neueste vom Neuesten. Die unzähligen Familienbesuche im Rheinland arteten manchmal zu verkaufsähnlichen Veranstaltungen aus, bei denen man die neueste Errungenschaft herzeigen musste. Auch meine Familie war sehr am Fortschritt interessiert, und so hatten wir Farb-TV, Kamera, Telefon mit Tastatur (nicht mit Wählscheibe), Multiküchengeräte und vieles mehr. Aber was macht man, wenn man schon alles hat? Da sucht man nach außergewöhnlichen Dingen, ganz egal, ob sie Sinn machen oder Unsinn sind. Und so kamen meine Schwester und ich eines Tages nach der Schule nach Hause und wurden freudestrahlend von unserer Mutter empfangen. Sie hatte eine Popcornmaschine gekauft. Wow, das war ein Erlebnis! Jetzt brauchten wir die Maiskörner

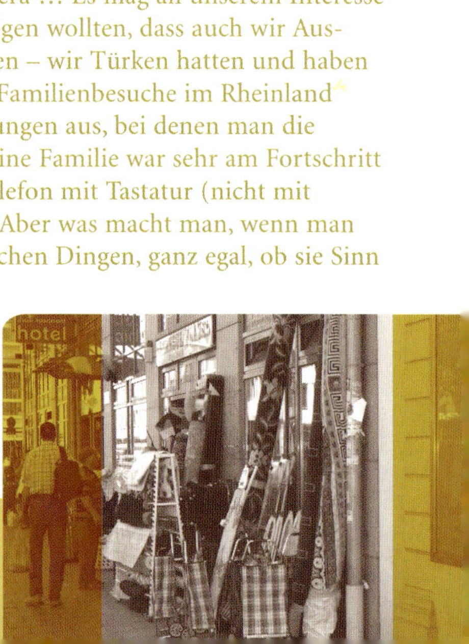

Patates köftesi

45 Minuten
für 4 Personen

Kartoffelpuffer

Die Kartoffeln schälen, klein raspeln und salzen. Die Kartoffeln in ein Geschirrtuch füllen, die Flüssigkeit gut ausdrücken und die Kartoffelmasse in eine Schüssel geben.

Die Zwiebel abziehen und in kleine Stücke schneiden. Die Petersilie und den Dill waschen, trockenschwenken und fein hacken.

Zwiebel, Kräuter, Eier, Mehl, Backpulver, Salz und Pfeffer zu der Kartoffelmasse in die Schüssel geben und alles gut durchmischen.

Reichlich Öl in einer Pfanne erhitzen. Aus der gewürzten Kartoffelmasse kleine Puffer formen und in der Pfanne etwa 3 Minuten von jeder Seite kross braten.

Zutaten

5 große Kartoffeln
1 TL Salz
1 große Zwiebel
1 Bund Petersilie
1 Bund Dill
2 Eier
1 EL Mehl
1 TL Backpulver
Pfeffer

Außerdem
Sonnenblumenöl zum Frittieren

nicht mehr ordinär in einem Topf zuzubereiten, sondern konnten sie ganz fortschrittlich in einem strombetriebenen Apparat, der so groß wie eine Kaffeemaschine war, herstellen. Unten in den Behälter füllten wir die Körner, und oben – aus einer trichterförmigen Öffnung – kam das fertige Popcorn heraus. Eine tolle Erfindung. Der einzige Nachteil war, dass das Popcorn mit aller Kraft aus der Maschine regelrecht in den Raum „gespuckt" wurde. Wir Kinder hatten einen Heidenspaß: Wir fingen die einzelnen Körner auf und freuten uns über so viel Unordnung im Zimmer. Ganze zweimal haben wir das super Gerät benutzt, es ist noch im wohlbehüteten Fundus meiner Mutter. Die Herstellung im Topf auf dem Herd war doch einfacher. Und so mussten wir feststellen, dass Fortschritt manchmal auch Rückschritt sein kann.

30 Minuten
für 4 Personen

Biber aşı

Peperoni in Olivenöl

Zutaten

150 g Lammfleisch ohne Knochen
500 g grüne Peperoni (scharf oder mild)
1 Zwiebel
3 Tomaten
2 Knoblauchzehen
100 ml Sonnenblumenöl
1 TL Salz
Pfeffer
1 Messerspitze Zucker
250 g Naturjoghurt

Das Fleisch unter fließendem kaltem Wasser waschen, trockentupfen und in mundgerechte Stücke schneiden. In einer Pfanne ohne Öl 10 Minuten anbraten.

In der Zwischenzeit die Peperoni waschen, Stielansätze abschneiden und die Schoten in 3 Zentimeter lange Stücke schneiden. Die Zwiebel abziehen und klein schneiden. Die Tomaten waschen und in kleine Stücke schneiden. Den Knoblauch abziehen und fein hacken.

Das Öl zum Fleisch geben und die Zwiebeln darin anschwitzen. Tomaten, Knoblauch und Peperoni zum Fleisch geben, salzen und pfeffern. Wenig Zucker darüber streuen, 100 Milliliter kochendes Wasser zugeben und zugedeckt 10 Minuten garen lassen. Mit Naturjoghurt servieren.

30 Minuten
für 4 Personen

Zeytinyağlı pirinçli pırasa

Porree mit Reis in Olivenöl

Zutaten

1 kg Porree
1 Zwiebel
100 g Reis
100 ml Olivenöl
1 Dose geschälte Tomaten (400 g)
1 TL Salz
1 Messerspitze Zucker
Saft von 1/2 Zitrone

Porree waschen, putzen und mit wenig Grün in 3 Zentimeter lange Stücke schneiden. Zwiebel abziehen und in Scheibchen schneiden. Reis waschen und abtropfen lassen.

Das Öl in einen Topf geben und die Hälfte der Tomaten zugeben. Porree und Zwiebel darauf schichten und die restlichen Tomaten obenauf geben. Salz, Zucker und Reis zufügen. Alles kurz aufkochen lassen und bei schwacher Hitze 10 bis 15 Minuten leise kochen lassen. Etwas abkühlen lassen, mit Zitronensaft beträufeln und servieren.

Tipp **Dieses Gericht schmeckt auch kalt sehr fein und ist ideal als Dip oder kleine Mahlzeit.**

Zeytinyağlı taze bakla

25 Minuten
für 4 Personen

Junge Saubohnen in Olivenöl

Von den Saubohnen die Fäden abziehen und die Enden abschneiden. In einem Gefäß 2 Liter kaltes Wasser mit dem Zitronensaft vermischen. Die Bohnen einlegen und 10 bis 15 Minuten ziehen lassen. So verhindert man, dass sie sich verfärben.

Die Zwiebel abziehen und klein schneiden. Die Bohnen aus dem Zitronenwasser nehmen und in einem Sieb abtropfen lassen.

Das Öl in einen Topf gießen. Zwiebeln und Bohnen dazugeben und zugedeckt dünsten. Die Bohnen müssen zwischendurch immer wieder im Topf „geschüttelt“ werden, damit sie nicht anbrennen. Rühren mit dem Kochlöffel beschädigt sie, oder sie fallen auseinander. Nach einigen Minuten Salz und Zucker dazugeben und die Bohnen etwa 30 Minuten leise kochen lassen.

Inzwischen für die rote Sauce das Öl in einer Pfanne erhitzen und das Tomatenmark darin einige Minuten anbraten. Mit 2 bis 3 Esslöffeln Wasser verrühren und von der Kochstelle nehmen.

Für die weiße Sauce den Knoblauch abziehen und in einem Mörser zerstampfen. Den Joghurt in eine Schüssel geben und Salz und Knoblauch unterrühren.

Die Bohnen lauwarm oder kalt auf Portionstellern anrichten. Je 1 Esslöffel Knoblauchjoghurt und 1 Esslöffel Tomatensauce darauf geben. Den Dill waschen, putzen, klein schneiden und das Gericht damit garnieren.

Zutaten

1 kg frische, kleine Saubohnen
Saft von 1/2 Zitrone
1 Zwiebel
1/8 l Olivenöl
1 TL Salz
1 Messerspitze Zucker
1/2 Bund Dill

Tomatensauce
4 EL Olivenöl
1/2 EL Tomatenmark

Knoblauchsauce
1 Knoblauchzehe
250 g Naturjoghurt
1 Messerspitze Salz

90 Minuten
für 4 Personen

Imam bayıldı

Gefüllte Auberginen

„Der Imam fiel in Ohnmacht" heißt diese köstliche Speise wörtlich übersetzt, denn der Sage nach fiel der Vorbeter einer Moschee vor Begeisterung um, als er das Gericht probierte. Es ist ein Klassiker der türkischen Küche, kalt oder warm.

Zutaten

4 Auberginen
Salz

Füllung
3 Zwiebeln
4 Knoblauchzehen
3 Tomaten oder 1 kleine Dose geschälte, gewürfelte Tomaten
1 Bund glatte Petersilie
200 ml Olivenöl
1 TL Pfeffer
1 Messerspitze Zucker
2 EL Zitronensaft

Den Backofen auf 200 °C (Umluft 180 °C, Gas Stufe 3–4) vorheizen.

Die Auberginen waschen. Die Stielansätze nicht entfernen und die Haut in etwa 1 Zentimeter breiten Streifen abschälen, sodass die Auberginen der Länge nach gestreift aussehen. Die Auberginen etwa 20 Minuten in Salzwasser legen.

Inzwischen für die Füllung die Zwiebeln abziehen und in Ringe schneiden. Den Knoblauch abziehen und vierteln. Die Tomaten waschen, putzen und klein schneiden. Die Petersilie waschen und fein hacken.

Die Auberginen aus dem Salzwasser nehmen und mit einem Geschirr- oder Papiertuch trockentupfen. Der Länge nach einschneiden, aber nicht durchschneiden! Dieser Einschnitt ist die Öffnung für die Füllung.

Die Hälfte des Olivenöls in einer Pfanne erhitzen, die Auberginen darin etwa 5 Minuten von allen Seiten goldbraun anbraten und wieder herausnehmen. Das restliche Olivenöl in die Pfanne geben und die Zwiebeln darin glasig braten. Knoblauch dazugeben und kurz mitdünsten, Tomaten, Petersilie, Salz und Pfeffer untermischen und die Pfanne von der Kochstelle nehmen.

Die Auberginen mit dem Einschnitt nach oben in eine ofenfeste Form legen und mit der Tomaten-Zwiebel-Mischung füllen. Zucker und Zitronensaft verrühren und über die Auberginen träufeln. Die Form zugedeckt – zum Beispiel mit Alufolie – für 30 bis 40 Minuten in den Backofen schieben, bis die Auberginen und die Füllung gar sind.

Tipp **Man kann die Füllung auch mit 250 Gramm Hackfleisch anreichern. Dafür das Fleisch zunächst anbraten und dann Zwiebeln und Tomaten kurz mitbraten. Knoblauch und Petersilie untermischen, salzen und pfeffern. Die geschälten Auberginen 5 Minuten in Öl anbraten, abkühlen lassen und füllen. In eine ofenfeste Form legen, etwas Wasser angießen und 25 Minuten im Backofen backen.**

60 Minuten
für 4 Personen

Bamya yemeği

Gedünstete Okraschoten

Zutaten

500 g frische Okraschoten
Saft von 1/2 Zitrone oder
1 EL weißer Essig
2 Zwiebeln
3 Tomaten
100 ml Sonnenblumenöl
1 Messerspitze Zucker
1 TL Salz
Pfeffer
Saft von 1/2 Zitrone

Von den Okraschoten die Stiele abschneiden, dabei die Stielenden spitz stutzen, ohne die Frucht zu verletzen, und die Stielansätze vorsichtig mit einem scharfen Messer abschälen. 2 Liter kaltes Wasser entweder mit Zitronensaft oder Essig mischen und die Schoten darin 5 Minuten einlegen. So wird verhindert, dass sie ihren dickflüssigen Schleim absondern.

Die Zwiebeln abziehen und klein schneiden. Die Tomaten am Stielansatz kreuzweise einritzen, mit heißem Wasser überbrühen, herausnehmen, häuten und in kleine Würfel schneiden.

Das Öl in einem Topf erhitzen und die Zwiebeln darin anschwitzen. Die Tomaten zugeben und weitere 2 bis 3 Minuten mitdünsten. 1/2 Liter heißes Wasser angießen und zum Kochen bringen.

Die Okraschoten mit einem Schaumlöffel aus dem Zitronen- beziehungsweise Essigwasser herausnehmen und in den Topf geben. Mit Zucker, Salz und Pfeffer würzen.

Den Topfinhalt kurz aufkochen, die Hitzezufuhr reduzieren und alles 30 Minuten bei schwacher Hitze leise kochen lassen.

Den Zitronensaft über die Okraschoten träufeln und das Gericht warm servieren.

Info **Okraschoten sind reich an Vitamin A und Mineralien, vor allem Kalzium. In der Türkei werden sie frisch oder in getrockneter Form zubereitet.**

Lahana sarması

90 Minuten
für 4 Personen

Kohlrouladen

Die dicken Außenblätter des Kohls entfernen. Die inneren Blätter lösen und einzeln in einen Topf legen. Heißes Wasser auffüllen, zum Kochen bringen und die Blätter 2 Minuten blanchieren. Herausholen, abtropfen und abkühlen lassen. Die dickeren Adern des Kohls abschneiden, damit die Blätter später besser gerollt werden können.

Den Reis unter kaltem Wasser waschen und in einem engmaschigen Sieb abtropfen lassen. Zwiebel und Knoblauch abziehen und klein schneiden. Das Öl in einer Pfanne erhitzen und Zwiebel und Knoblauch darin anschwitzen. Tomatenmark und Reis dazugeben und kurz anbraten. 100 Milliliter heißes Wasser, Salz, Pfeffer und Pfefferminze zufügen. 3 Minuten leise kochen lassen, von der Kochstelle nehmen und etwas abkühlen lassen.

Die Kohlblätter mit der glatten Seite nach unten auf eine Arbeitsplatte legen. Je 1 Esslöffel Reisfüllung auf die Strunkenden legen, mit den Fingern der Länge nach verteilen, die Enden einklappen und die Blätter wie dicke Zigarren mit einer Länge von etwa 10 Zentimeter einrollen. Den Boden eines Topfes mit Öl bedecken, die Kohlrouladen nebeneinander einlegen und übereinander stapeln.

Für die Sauce die Zwiebel abziehen und klein schneiden. Das Olivenöl in einer Pfanne erhitzen und die Zwiebel darin dünsten. Das Tomatenmark, 1/4 Liter Wasser und Salz dazugeben, aufkochen und 3 bis 5 Minuten kochen lassen.

Die Sauce auf die Kohlrouladen verteilen. Einen ofenfesten Teller verkehrt herum fest auflegen. Die Rouladen zugedeckt etwa 30 Minuten garen. Heiß servieren.

Tipp **Kaufen Sie wenn möglich einen länglichen Weißkohl (Spitzkohl) – nicht einen runden, der fest zusammengewachsen ist –, denn er weist wesentlich lockerere Köpfe auf und hat eine zarte Blattstruktur.**

Zutaten

1 mittelgroßer, länglicher Weißkohl
250 g Reis
1 Zwiebel
1 Knoblauchzehe
100 ml Olivenöl
1 EL Tomatenmark
1/2 TL Salz
Pfeffer
1 TL getrocknete Pfefferminze

Sauce
1 Zwiebel
100 ml Olivenöl
1 EL Tomatenmark
1/2 TL Salz

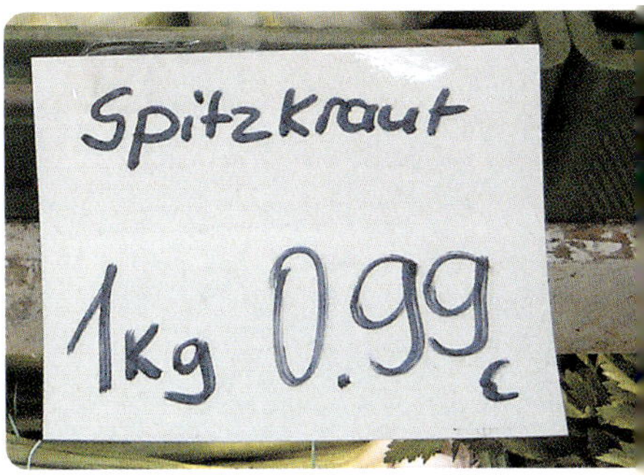

Zutaten

4 Zucchini
1/2 TL Salz

Füllung
200 g Reis
2 Zwiebeln
1 Knoblauchzehe
1 Bund Dill
1 Bund glatte Petersilie
1 EL Tomatenmark
75 ml Sonnenblumenöl
Pfeffer

Außerdem
Sonnenblumenöl

Die Zucchini waschen, trockentupfen, putzen und halbieren. Das Fruchtfleisch mit einem spitzen Messer herausschneiden. Mit einem Teelöffel das Innenfleisch aushöhlen, sodass nur noch eine dünne Zucchinischale (mit Boden) übrig bleibt. Das Innere der Zucchini mit Salz einreiben – das geht am besten mit den Fingern – und kopfüber auf eine Arbeitsfläche legen, damit die Fruchtflüssigkeit abtropfen kann. Etwa 5 Minuten einwirken lassen.

Inzwischen die Füllung zubereiten. Dafür den Reis waschen, abtropfen lassen und in eine Schüssel geben. Zwiebeln und Knoblauch abziehen und klein schneiden. Dill und Petersilie waschen und fein hacken. Alle Zutaten mit dem Tomatenmark und dem Öl zum Reis geben und mit den Händen vermengen.

Die Zucchini mit der Reismischung locker füllen. Den Boden einer Pfanne mit Sonnenblumenöl bedecken und die Zucchini hineinlegen. 100 Milliliter heißes Wasser zugießen, pfeffern und kurz aufkochen. Die Hitzezufuhr reduzieren und die Zucchini zugedeckt bei schwacher Hitze 10 bis 15 Minuten leise kochen lassen.

Tipp **Die gefüllten Zucchini schmecken auch mit der Knoblauch-Joghurt-Sauce gut. Dafür 1 Knoblauchzehe abziehen, klein schneiden, mit 500 Gramm Naturjoghurt vermengen, salzen und dazu servieren.**

Kabak dolması

30 Minuten
für 4 Personen

Gefüllte Zucchini

Vor allem an heißen Sommertagen sind diese gefüllten Zucchini ein wunderbares Essen, da es angenehm leicht und dennoch sättigend ist. „Dolması" bedeutet übrigens lediglich, dass es sich um eine Füllung handelt.

ANGEBOT
BULLEN HALS
1kg. 5 99
Sigir Boyun
1kg. 5 99

Fleisch und Fisch

Der Koran, die heilige Schrift des Islams, erlaubt nur die Aufnahme von Fleisch von Tieren, die wiederkäuen, sowie von Geflügel und untersagt den Verzehr von Schweinefleisch. So ist Lammfleisch seit alters her die wichtigste Fleischart der türkischen Küche. Doch auch Kalb- und Rindfleisch sowie das preiswerte Hühnerfleisch werden heutzutage variantenreich zubereitet.

In den Küstenregionen des Landes werden Fische meist ohne Rezept gegrillt oder frittiert, wobei die Sorte vom Tagesfang abhängig ist. Hamsi, die köstlichen Sardellen, die nachfolgend dafür stellvertretend stehen, sind weit über die Landesgrenzen hinaus beliebt.

Religiöser Hintergrund

In Deutschland leben schätzungsweise 3,2 Millionen Muslime, die hier auch ihre Religion, den Islam, ausüben. Der Islam basiert auf fünf Säulen, nach denen jeder Muslim sein Leben ausrichten soll beziehungsweise die von jedem Muslim zu respektieren sind.

Fünf Säulen

Als Erstes steht das Glaubensbekenntnis, in dem der einzige Gott und sein Gesandter, der Prophet Mohammed, anerkannt wird. Das Gebet ist die zweite religiöse Pflicht. Es wird fünfmal am Tag gesprochen und zwar in der Morgendämmerung, mittags, nachmittags, abends und bei Einbruch der Nacht. Am Freitag findet das Mittagsgebet in der Gemeinschaft in der Moschee statt, für Männer und Frauen getrennt. Die Pilgerfahrt nach Mekka, das Fasten während des Fastenmonats Ramadan sowie die Entrichtung der Spende „Zakat" am Ende des Fastenmonats sind die anderen drei Säulen des Islams.

Dem Mondlauf folgend

Der islamische Kalender orientiert sich an den Mondphasen. Das Mondjahr, das durch die Umkreisung des Mondes um die Sonne bestimmt wird, ist kürzer als das Sonnenjahr, es besteht aus 12 Mondmonaten, die etwa 354 Tage zählen. So verschieben sich die Festtage jedes Jahr um etwa 11 Tage nach vorn. Somit fallen die Feiertage im Laufe der Jahre in alle Monate und Jahreszeiten und finden erst nach 33 Jahren wieder an einem bereits gewesenen Tag statt. Die islamische Zeitrechnung beginnt mit der Wanderung des Propheten von Mekka (dem Geburtsort Mohammeds) nach Medina (dem Ort, in dem der Islam erstmals als politische Kraft zum Ausdruck kam) im Jahre 622, etwas genauer gesagt mit seiner Ankunft am 15. oder 16. Juli. In heutiger Zeit orientiert sich die Türkei im öffentlichen Leben zwar nach dem gregorianischen Kalender, der in fast allen westlichen Ländern Gültigkeit besitzt. Die Festtage werden aber wie in allen moslemischen Ländern der Welt nach der islamischen Zeitrechnung begangen.

Ramadan – die Fastenzeit

Der bekannteste Monat ist Ramadan: Zu dieser Zeit wird gefastet. Es ist der 9. Monat im islamischen Kalender. Der Ramadan erlaubt das Essen und Trinken nur nach Sonnenuntergang bis Beginn der Morgendämmerung, wobei die Fastenzeit während des Sommers besonders viel Disziplin abverlangt, da die Tage länger sind. In den islamischen Ländern variiert der Beginn der Fastenzeit, da er mit der Sichtung der

Mondsichel eingeläutet wird. So lässt sich geographisch erklären, warum der Ramadan nicht überall zeitgleich beginnt: Zum Beispiel liegt Marokko westlicher als Indonesien. Während der Fastenzeit kommen Verwandte und Bekannte zusammen, um gemeinsam nach Sonnenuntergang zu essen. Traditionell wird die Mahlzeit zu dieser Zeit mit einem Glas Wasser oder einer Dattel eröffnet, weshalb man zur Ramadanzeit in türkischen Supermärkten meistens Massen von Datteln findet. Der Fastenmonat endet mit dem Zuckerfest (türk. Seker bayram), das feierlich mit Verwandten, Bekannten und Nachbarn begangen wird. Hierzu werden auch viele Süßspeisen aufgetischt, damit die „Lippen nach der Fastenzeit wieder an die Süße des Lebens bzw. der Lebensmittel gewöhnt werden", wie man im Volksmund sagt. Aus Respekt und Ehrerbietung küsst die jüngere Generation die Hand der älteren Männer und Frauen. Zum Dank erhalten Kinder von den Erwachsenen meistens etwas Geld oder Süßigkeiten. Wir Kinder hatten an diesem Tag immer Festtagskleidung an und veranstalteten einen wahren „Kussmarathon". Kein Nachbar, Verwandter, Bekannter oder wer auch immer konnte uns ungeküsst entkommen. Denn am Abend zählten wir nach, wer sich das meiste Geld beziehungsweise die meistens Bonbons „verdient" hatte – derjenige war besonders fleißig gewesen, und hatte eine Menge Hände geküsst.

Kurban Bayrami – Opferfest

In die Zeit der Pilgerfahrt nach Mekka fällt das Opferfest, das auch als das „Große Fest" bekannt ist. Wie im Christentum und Judentum spielt auch im Islam der Prophet Ibrahim/Abraham eine wichtige Rolle. Er war bereit, für Gott seinen Sohn zu opfern. Als Allah diese bedingungslose Hingabe und Opferbereitschaft sah, löste er seinen Sohn mit einem Tieropfer aus. Das Fleisch wird zu je einem Drittel an Arme und Bedürftige verteilt, an Nachbarn und Freunde verschenkt, und ein Drittel ist für den eigenen Verzehr bestimmt.

Asüre-Fest

Der Asüre-Tag findet am 10. Tag des ersten Monats (Muharram) im islamischen Mondkalender statt. Das Asüre-Fest hat bei Sunniten und Schiiten unterschiedliche Bedeutung. Während die Sunniten die Rettung Noahs und seiner Arche als Tag der Freude feiern, gedenken die Schiiten in einer Trauerprozession des Märtyrertods Husseins, des Enkels Mohammeds, der in der Schlacht bei Kerbala im heutigen Irak gefallen ist. Zu diesem und anderen religiösen Festen werden besondere Süßspeisen wie Asüre (Rezept Seite 126) zubereitet und großzügig an Nachbarn und Freunde verteilt.

120 Minuten
für 4 Personen

Mantı

Gefüllte Teigtäschchen

Dies ist ein „geselliges" Rezept. Es ist ideal, wenn man mit Freunden gemeinsam kochen und plaudern will, da es einige Zeit in Anspruch nimmt. Es wäre langweilig, die Mahlzeit alleine vorzubereiten, um sie den Gästen fertig zu servieren.

Zutaten

Teig
500 g Mehl
1 Teelöffel Salz
2 Eier
etwa 350 ml lauwarme Milch

Füllung
2 große Zwiebeln
2 EL Olivenöl
250 g Hackfleisch vom Lamm
Pfeffer
Salz

Saucen
2 EL Olivenöl
2–3 EL Tomatenmark
2 Knoblauchzehen
250 g Naturjoghurt
Salz

Außerdem
Mehl, etwas Öl

Für den Teig Mehl, Salz und Eier in einer großen Schüssel vermengen. Nach und nach so viel Milch zugeben und so lange kneten, bis der Teig weich wie Ohrläppchen ist (siehe Anekdote Seite 88). Falls der Teig zu zäh ist, mehr Milch nachgießen, falls er zu dünnflüssig ist, mit etwas Mehl verdicken. Den Teig in 3 Portionen teilen, zu Kugeln formen und in der Schüssel mit einem feuchten Tuch zugedeckt 15 Minuten ruhen lassen.

Für die Füllung die Zwiebeln abziehen und klein schneiden. 1 Esslöffel Öl in einer Pfanne erhitzen und das Hackfleisch darin anbraten. Das Fleisch soll nicht durchbraten, da es später als Raviolifüllung noch gekocht wird. Die Zwiebeln kurz mitbraten. Salzen und pfeffern.

Eine Arbeitsfläche mit etwas Mehl bestreuen und die erste Teigkugel mit einem Nudelholz von der Mitte nach außen zu einem runden Fladen von 50 Zentimeter Durchmesser ausrollen. Den Fladen in Rauten von 3 Zentimeter Kantenlänge schneiden.

Auf jede Teigraute 1 Teelöffel der Füllung setzen. Die spitzen Teigenden so aufeinander legen, dass kleine Dreiecke entstehen. Den Rand mit den Fingern zusammendrücken. Die gefüllten Teigtaschen auf ein mit Mehl bedecktes Brett legen und bis zum Kochen in den Kühlschrank stellen. Die beiden anderen Teigkugeln auf die gleiche Art zubereiten.

In einem großen Topf reichlich Wasser mit 1 Esslöffel Öl und Salz aufkochen und die Teigtaschen darin portionsweise garen. Dazu nur je eine Kelle Teigtaschen in das heiße Wasser geben und ohne Deckel etwa 5 Minuten ziehen lassen. Sie dürfen im Kochtopf nicht aneinander kleben. Mit einem Schaumlöffel herausnehmen und abtropfen lassen.

Für die Tomatensauce das Olivenöl in einer Pfanne erhitzen. Das Tomatenmark und etwa 8 Esslöffel Kochwasser der Teigtaschen einrühren und in 2 Minuten zu einer Sauce einkochen lassen. Für den Knoblauchjoghurt den Knoblauch abziehen und fein schneiden. Mit etwas Salz unter den Joghurt rühren. Die rote Sauce über die Teigtaschen geben und je nach Geschmack etwas Knoblauchjoghurt dazu reichen.

Tipp **Die gefüllten Teigtaschen halten sich 2 bis 3 Tage im Kühlschrank. Sie lassen sich gut einfrieren. Bei Bedarf auftauen, Sauce zubereiten, schlemmen und genießen.**

30 Minuten
für 4 Personen

Köfte

Frikadellen

Zutaten

1 trockenes Brötchen oder 1 Scheibe trockenes Graubrot
1 Zwiebel
500 g Hackfleisch vom Rind
1 TL Salz
1/2 TL Pfeffer
1 TL Kreuzkümmel
1 Ei

Außerdem
Sonnenblumenöl zum Frittieren

Das Brötchen in einer kleinen Schüssel mit Wasser bedecken und aufweichen lassen oder die Scheibe Graubrot auf einer Reibe zerreiben.

Die Zwiebel abziehen und klein schneiden. Das Hackfleisch mit der Zwiebel in eine Schüssel geben.

Die Flüssigkeit aus dem Brötchen mit den Händen auspressen und die Brotmasse zum Hackfleisch geben. Mit Salz, Pfeffer und Kreuzkümmel würzen. Das Ei zugeben.

Die Fleischmasse mit den Händen gut verkneten und kleine Frikadellen formen. Reichlich Öl in einer Pfanne erhitzen und die Frikadellen darin frittieren.

Das Opfer zum Fest

Wenn man in ein kulturell, sprachlich und optisch völlig fremdes Land auswandert, dann sucht man die Nähe von Gleichgesinnten. Sie verkörpern ein Stück Miniheimat. So war es auch bei uns. Meine Familie wohnte mit anderen türkischen Familien in einer alten Villa mit einem riesigen verwilderten Garten irgendwo in einem 500-Seelen-Dorf in Nordrhein-Westfalen. Denn Deutschland schweißte uns zusammen: Wir sahen anders aus, verstanden die deutsche Sprache nicht und hatten eine komplett andere Lebensart und Religion. Unsere Väter kamen als Gastarbeiter, holten Ehefrauen und Kinder nach, und wir blieben. Und wir hatten schöne Zeiten. Wenn zwei verschiedene Kulturen aufeinander trafen, wenn die Einfamilienhausidylle-gewohnten Deutschen Anfang der 1970er Jahre sich erstmals mit türkischen Großfamilien-Hippie-Kommunen auseinander setzen mussten, dann war Chaos vorprogrammiert.

Und so nahm es seinen Anfang

Die schönste Jahreszeit in Deutschland war für uns immer der Sommer. Zwar war er kälter und kürzer, als wir es gewöhnt waren, aber er war immer sehr aufregend. Wir Kinder konnten in unserem Garten picknicken und auf Bäume klettern. Unsere türkische „Wohngemeinschaft“ bestand aus Familien, die aus den unterschiedlichsten ländlichen Regionen der Türkei kamen, und wir waren alle viel Natur gewöhnt. Anscheinend zu viel

Limonlu tavuk göğsu

30 Minuten
für 4 Personen

Hähnchenbrust mit Zitrone

Die Brustfilets kalt waschen, trockentupfen und mit Salz, Pfeffer und Thymian einreiben. Jedes auf ein entsprechend großes Stück Alufolie legen.

Gemüse waschen. Tomaten und Zucchino in Scheiben schneiden. Peperoni der Länge nach aufschlitzen; Stielansätze und Samen belassen. Zwiebeln abziehen und in Ringe schneiden. Knoblauch nur abziehen. Zitrone in 4 Scheiben schneiden. Alles auf die Fleischstücke – Zitrone zuletzt – verteilen und mit Öl beträufeln. Die Alufolien gut verschließen, damit kein Bratensud austreten kann.

Eine Pfanne ohne Öl erhitzen und das eingepackte Fleisch darin 20 Minuten braten; dabei einmal wenden.

Zutaten

4 Hähnchen- oder Putenbrustfilets
2 TL Salz, 1 TL Pfeffer
1 TL Thymian
Alufolie
4 kleine Tomaten
1 Zucchino
4 milde Peperoni
2 Zwiebeln
4 Knoblauchzehen
1/2 unbehandelte Zitrone
4 TL Olivenöl

für den deutschen Geschmack. Eines schönen Sommertages bekamen wir einen Beschwerdebrief: Unser Rasen sei zu hoch! Meine Eltern waren ratlos. Was hieß denn zu hoch? Er war ideal, wir Kinder konnten richtig toll Verstecken spielen. Das Grünzeug maß gerade mal einen halben Meter. Nachdem uns auch einige einheimische Nachbarn mit Händen und Füßen auf das viele Grün in unserem Garten angesprochen hatten, lieh sich mein Vater eine Sense vom Bauern. Er stutzte den Rasen auf die deutsche Norm. Aber die Tage vergingen, und der Rasen wuchs weiter. Also machten meine völlig entnervten Eltern das, was auch ihre Eltern in der Situation gemacht hätten: Sie kauften dem einheimischen Bauern ein Schaf ab. Der biologische Rasenmäher. Das war eine Überraschung, als ich aus der Schule kam. Ein Schaf im Garten hatte man bis dato in dem Dorf noch nicht gesehen. Meine Schulfreunde hatten zwar auch Schafe, Kühe oder sogar Schweine, aber nur in Form von Lego. Was war schon Lego, wenn man mit einem echten Schaf kuscheln konnte? Es war ein herrlicher Sommer, bis unsere Verwandtschaft vor der Tür stand. Es sei Opferfest – eines der beiden höchsten Religionsfeste der Muslime –, und wir müssten das Schaf schlachten. Unter Tränen sah ich zu, wie unser Haustier geschächtet wurde und später mit Knoblauch angemacht auf unseren Tellern lag. Niemand aus meiner Familie bekam auch nur einen Bissen herunter. Mit Lego wäre mir das nicht passiert.

90 Minuten
für 4-6 Personen

Kuru patlıcan dolması

Getrocknete Auberginen mit Reis-Lamm-Füllung

Zutaten

1 große Zwiebel
100 ml Sonnenblumenöl
200 g Hackfleisch vom Lamm
2 EL Tomatenmark
300 g Reis (pro Aubergine wird 1 EL Reis zubereitet)
1 Bund glatte Petersilie
1 TL Salz
Pfeffer
1 Beutel getrocknete Auberginen
Saft von 1/2 Zitrone

Sauce
1 Knoblauchzehe
500 g Naturjoghurt
Salz

Zwiebel abziehen und klein hacken. Etwas Öl in einer Pfanne erhitzen und das Hackfleisch darin anbraten. Zwiebelwürfel kurz mitdünsten. Das Tomatenmark zufügen und kurz anbraten. Den Reis dazugeben, 200 Milliliter heißes Wasser eingießen und 5 Minuten bei mittlerer Hitze kochen. Der Reis muss körnig bleiben, da er als Füllung in den Auberginen noch gekocht wird. Petersilie waschen, klein schneiden und unter den Reis mischen. Salzen, pfeffern und abkühlen lassen.

Die getrockneten Auberginen in kochendes Wasser geben und 2 bis 3 Minuten blanchieren. Herausnehmen, abtropfen lassen und Auberginen mit Rissen oder Löchern aussortieren.

Die blanchierten Auberginen mit der Reis-Lamm-Mischung füllen. Einen Topfboden mit Öl bedecken und die Auberginen nebeneinander einlegen beziehungsweise übereinander schichten. Einen kochfesten Teller umgekehrt auflegen und 1/2 Liter heißes Wasser angießen. Den Topf mit seinem Deckel verschließen, den Inhalt 3 Minuten aufkochen, dann die Hitzezufuhr reduzieren und das Gericht bei schwacher Hitze 30 Minuten leise kochen lassen.

Auch hierzu passt die Knoblauch-Joghurt-Sauce. Dafür Knoblauch abziehen, zerstampfen, unter den Joghurt mischen und salzen.

Tipp **Getrocknete Auberginen sind meistens in 25er-Portionen in türkischen Supermärkten erhältlich. Das Gericht schmeckt warm oder kalt gleichermaßen gut.**

Kıymalı börek

60 Minuten
für 6 Personen

Blätterteig mit Hackfleischfüllung

Für den Teig Mehl, Ei und Öl vermengen und dabei so viel lauwarmes Wasser dazugeben und kneten, bis er weich wie Ohrläppchen (Seite 88) ist. Kurz ruhen lassen.

Für die Füllung Petersilie waschen und klein hacken. 1 Esslöffel Öl erhitzen und das Hackfleisch darin kurz anbraten. Von der Kochstelle nehmen, die Petersilie untermischen, salzen und pfeffern. Das restliche Öl darüber geben.

Aus dem Teig 8 Kugeln formen. Auf einer bemehlten Arbeitsfläche ausrollen, rund oder eckig, je nach Form, die man verwendet (siehe Tipp unten). Der Teig soll so dünn sein, dass man eine darunter liegende Zeitung lesen könnte.

Den Boden der Form mit Öl einreiben. Eine Lage Teig einlegen, den überstehenden Rand abschneiden und mit 1 Esslöffel Öl bepinseln. 3 weitere Teiglagen entsprechend aufschichten und einölen. Auf die 4. Lage die Hackfleischmischung geben. Die 5. Teiglage auflegen, ebenso zurechtschneiden und 1 Esslöffel Öl darüber träufeln. Die restlichen Lagen analog auflegen. Auf die oberste Lage reichlich Öl (etwa 100 Milliliter) geben.

Backofen auf 180 °C (Umluft 160 °C, Gas Stufe 2–3) vorheizen. Den Blätterteig 20 bis 30 Minuten backen.

Zutaten

Teig
500 g Mehl
1 Ei
4 EL Sonnenblumenöl

Füllung
1 Bund glatte Petersilie
2 EL Sonnenblumenöl
300 g Hackfleisch vom Lamm
1 TL Salz
1 TL Pfeffer

Außerdem
ca. 150 ml Sonnenblumenöl zum Bestreichen der Teiglagen

Tipp Statt frischem Teig kann man 8 große runde Yufka-Teigblätter nehmen. Da die oberste Schicht der Yufkablätter nach dem Backen sehr kross ist, nimmt man als Glasur statt nur Öl besser eine Mischung aus 1 verquirltem Ei, 2 Esslöffeln Joghurt und 100 Milliliter Öl. Falls die oberste Lage nach dem Backen dennoch kross sein sollte, sofort ein nasses und darauf ein trockenes Geschirrtuch für 2 bis 3 Minuten auflegen. Dann erst schneiden.

Info Für Börek benötigt man eine Backform mit einem etwa 5 Zentimeter hohen Rand. Am besten geeignet sind „tepsi“, die runden, silberfarbenen Aluminiumtabletts mit Rand, die es in türkischen Läden zu kaufen gibt. Für ein normales Backblech rollt man den Teig dagegen rechteckig aus.

CAN AUGSBURG CAN FRANKFURT

Zutaten

1 küchenfertiges Hähnchen
1 Zwiebel
8 große Kartoffeln
2 lange grüne Paprikaschoten
2 Tomaten
100 ml Sonnenblumenöl
1 TL Salz
1 TL Pfeffer
1 TL Paprikapulver

Das Hähnchen zerlegen, um einzelne Stücke zu erhalten. Dafür zunächst die Schenkel (Beine) am Gelenk abschneiden und je nach Größe halbieren. Die Flügel am Schultergelenk abtrennen und die Flügelspitzen entfernen. Den Rücken parallel zum Rückgrat abtrennen und in Stücke teilen. Die Brustfilets auslösen und nach Bedarf stückeln. Alle Teile unter fließendem kaltem Wasser waschen und trockentupfen.

Die Zwiebel abziehen und in Streifen schneiden. Die Kartoffeln waschen, schälen und vierteln. Die Paprikaschoten waschen und der Länge nach aufschlitzen. Die Tomaten waschen und in feine Scheiben schneiden.

Ein Backblech mit Öl einreiben. Das restliche Öl in einer Schüssel mit Salz, Pfeffer und Paprikapulver verrühren. Die Zwiebel- und Kartoffelteile darin eintunken und auf das Backblech legen. Die Hähnchenteile mit dem gewürzten Öl einölen und auf die Kartoffeln legen. Die Paprikastreifen und die Tomatenscheiben ebenfalls in das Öl tunken und dann auf die Hähnchenteile geben. Das restliche Gewürzöl über die aufgeschichteten Zutaten träufeln. 200 Milliliter kaltes Wasser darüber geben.

Den Backofen auf 200 °C (Umluft 180 °C, Gas Stufe 3–4) einstellen, das Backblech einschieben und das Gericht 50 bis 60 Minuten backen.

Tipp **Am besten eine fest kochende oder vorwiegend fest kochende Kartoffelsorte für dieses Gericht auswählen. Mehlig kochende Kartoffeln können beim Backen eher zerfallen.**

Patatesli tavuk

90 Minuten
für 6 Personen

Hähnchen mit Kartoffeln

Unkompliziert in der Zubereitung – überzeugend im Geschmack harmonieren Hühnerfleisch und Kartoffeln in dieser Kreation aus dem Backofen. Je schärfer das verwendete Paprikapulver für das Würzöl ist, desto kräftiger schmeckt das ganze Gericht.

120 Minuten
für 4 Personen

Sulu köfte

Frikadellen im Sud

Zutaten

400 g Hackfleisch vom Rind
200 g fein gemahlener Bulgur
1 Zwiebel
1 Ei
1 TL Salz
1 TL Pfeffer
1/2 TL Kreuzkümmel
1 EL Mehl
50 ml Sonnenblumenöl

Sauce
1 Zwiebel
50 ml Sonnenblumenöl
1 EL Tomatenmark
1 TL Salz
10 Stängel Petersilie

Das Hackfleisch und den Bulgur mit den Händen zu einer weichen Masse kneten. Die Zwiebel abziehen, raspeln und zugeben. Ei, Salz, Pfeffer, Kreuzkümmel und Mehl zufügen und weitere 5 Minuten kneten. Kleine längliche Frikadellen daraus formen.

Das Sonnenblumenöl erhitzen und die Frikadellen darin 3 Minuten rundum anbraten, herausnehmen und gut abtropfen lassen.

Für die Sauce die Zwiebel abziehen und klein schneiden. Das Öl in der Pfanne erhitzen und die Zwiebelstücke darin anschwitzen. Das Tomatenmark zugeben. 1 Liter kochendes Wasser hineingießen und die Frikadellen hineingleiten lassen. Salzen und auf schwächster Hitze 20 Minuten leise kochen lassen.

Die Petersilie waschen, Stiele entfernen, die Blätter fein hacken und unter das Gericht rühren. Heiß servieren.

Info Kreuzkümmel ist auch unter dem Namen Cumin bekannt. Die als Gewürz verwendeten Samen wachsen an einer kleinen einjährigen Krautpflanze heran. Meist sind die Samen braungelb, selten schwarz, je nach Sorte. Kreuzkümmel schmeckt leicht bitter-scharf und zeichnet sich durch einen kräftigen, süßwürzigen Duft aus. Wenn man die Samen vor dem Vermahlen ein paar Minuten ohne Fett röstet, bekommen sie einen nussartigen, milderen Geschmack.

Ciğerli bulgur pilavı

45 Minuten
für 4 Personen

Bulgur mit Leber

Leber kalt waschen, trockentupfen, in feine Streifen schneiden und in einer Pfanne bei mittlerer Hitze ohne Öl anbraten. Sobald Flüssigkeit entsteht, 1/2 Teelöffel Salz zugeben. Hitzezufuhr erhöhen und die Leber 10 bis 15 Minuten bei starker Hitze braten, bis der Sud komplett verkocht ist. Öl auf die Leber geben, kurz anbraten und von der Kochstelle nehmen. Insgesamte Bratzeit: 20 bis 25 Minuten.

Bulgur in kaltem Wasser auswaschen. Butter erhitzen, den Bulgur darin kurz verrühren und 5 Minuten bei starker Hitze anbraten. 1/2 Liter kochendes Wasser zugießen. Leber zufügen. Die Hitzezufuhr reduzieren, salzen, pfeffern und weitere 5 Minuten leise kochen lassen. Heiß servieren.

Zutaten

250 g Leber
Salz
2 EL Sonnenblumenöl
500 g grober Bulgur
50 g Butter
Pfeffer

Etli güveç

120 Minuten
für 3–4 Personen

Kalbfleisch im Tontopf

Backofen auf 200 °C (Umluft 180 °C, Gas Stufe 3–4) vorheizen. Kalbfleisch kalt waschen, in mundgerechte Stücke schneiden und in einem Tontopf platzieren. Schalotten abziehen, nur der Länge nach einritzen und zugeben.

Die Tomaten waschen, putzen und klein schneiden. Die Peperoni waschen, der Länge nach aufschlitzen, Stielansätze und Samen belassen. Den Knoblauch abziehen.

Tomaten, Peperoni und Knoblauch zum Fleisch geben. Salzen, pfeffern. Fleisch mit Öl benetzen und mit etwa 100 Milliliter kaltem Wasser bedecken. 1 bis 1,5 Stunden im Backofen kross backen. Heiß mit Fladenbrot servieren.

Tipp **Dieses Rezept lässt sich auch im normalen Topf auf der Kochstelle zubereiten. Die Garzeit beträgt dann 45 bis 60 Minuten.**

Zutaten

500 g Kalbfleisch ohne Knochen
10 Schalotten
3 mittelgroße Tomaten
2 grüne Peperoni
5 Knoblauchzehen
1 TL Salz
1 TL Pfeffer
100 ml Sonnenblumenöl

120 Minuten
für 4 Personen

Kuzu budu

Lammkeule im Backofen

Zutaten

1 Lammkeule (etwa 1 kg)
1 TL Salz
100 g Butter

Außerdem
Butter zum Einfetten

Die oberste Haut- und Fettschicht des Lammfleischs mit einem scharfen Messer entfernen. Das Fleisch unter kaltem Wasser waschen, in einen Topf legen, mit Wasser bedecken und bei mittlerer Hitze leise kochen lassen. Sobald die Fleischbrühe zu kochen beginnt und Bläschen wirft, den Schaum mit einer Kelle abschöpfen. Das Salz zugeben und das Fleisch zugedeckt insgesamt 1 Stunde leise kochen lassen.

Den Backofen auf 250 °C (Umluft 230 °C, Gas Stufe 6) vorheizen. Backblech mit Butter einfetten. Das Fleisch aus dem Topf nehmen, auf das Backblech legen und mit 100 Gramm Butter einreiben. Das Fleisch in den Backofen schieben und sobald es zartrosa wird, 200 Milliliter der im Topf entstandenen Brühe zugießen. In 30 bis 40 Minuten goldbraun braten. Herausnehmen, in Scheiben schneiden.

Ich hätte so gerne ein Meerschweinchen gehabt

Zu Beginn der siebziger Jahre gab es in deutschen Supermärkten nicht immer Lamm oder Rind, und wenn doch, dann waren sie nicht nach moslemischen Regeln geschächtet worden. Wir mussten uns selbst behelfen und kauften beim Bauern frisches, nach islamischen Vorgaben geschlachtetes Fleisch ein. Meist übernahm ein kundiger Türke diese Aufgabe. Denn wir Muslime essen kein Schwein. Diese Tatsache ist vor einem historischen Hintergrund zu sehen, als der Islam von unserem Propheten Mohammed (570–632) verkündet wurde. Neben ethisch-moralischen Gründen untersagt uns die Religion den Verzehr von Schweinefleisch aus gesundheitlichen Bedenken. Es hielt sich damals in der sengenden Hitze nicht, viele Menschen wurden während der strapaziösen Wüstenwanderungen krank oder starben gar. Schweine werden auch deshalb noch heute von Muslimen als unrein betrachtet. Und so achtete meine Mutter mit größter Sorgfalt darauf, dass uns nichts „Schweinisches“ ins Haus kam. Sie nahm es so genau, dass ich sie noch nicht einmal davon überzeugen konnte, ein Meerschweinchen anzuschaffen. Alle meine Schulfreunde besaßen so ein Tierchen, ich wollte auch eins. Ob Schwein oder Schweinchen, selbst mit einem „Meer“ vor der Endung – sie blieb bei ihrem Entschluss: „Uns kommt kein Schwein ins Haus.“ Und so gehöre ich zu der seltenen Spezies Mensch, der keine tragisch-komischen Geschichten über das Leben und Ableben von Meerschweinchen in den 1970er Jahren erzählen kann.

Keşkek

1 Nacht einweichen
+ 120 Minuten
für 4 Personen

Weizen mit Lammfleisch

Am Vorabend die geschälten Weizenkörner in 1 Liter lauwarmem Wasser einweichen.

Am nächsten Tag die gequollenen Körner herausnehmen und auswaschen. Die Körner mit 1 Liter frischem lauwarmem Wasser in einen Topf füllen und kurz aufkochen. Die Hitzezufuhr reduzieren, 1 Teelöffel Salz zufügen und den Bugday bei schwacher Hitze etwa 60 Minuten leise kochen lassen. Dabei immer behutsam mit einem Holzlöffel verrühren, damit nichts am Topfboden anbrennt. Falls die Wassermenge zu gering sein sollte, immer wieder ein wenig lauwarmes Wasser nachgeben. Sobald sich die Weizenkörner aufzublähen beginnen, den Topf von der Kochstelle nehmen.

Inzwischen das Lammfleisch etwas klein schneiden, abspülen, in einem Topf mit kaltem Wasser bedecken und salzen. Zugedeckt bei schwacher Hitze 60 Minuten leise kochen; zwischendurch den Schaum mit einer Kelle abschöpfen. Wenn das Fleisch gar ist, herausnehmen und zum Bugday geben.

Die Kichererbsen unter kaltem Wasser auswaschen und mit 200 Milliliter der im Topf entstandenen Fleischbrühe zum Bugday geben. 10 Minuten leise kochen lassen und pfeffern. Bei Bedarf etwas Wasser nachgeben.

Zutaten

300 g Bugday (geschälte Weizenkörner)
2 TL Salz
250 g Lammfleisch
100 g Kichererbsen (Dose)
1 TL Pfeffer

Tipp **Buğday, geschälte Weizenkörner, sind in jedem türkischen Supermarkt erhältlich.**

Döner

Eine Multi-Kulti-Entwicklung

Die Geschichte über den Ursprung des Döners lässt sich nicht ganz nachvollziehen. Überlieferungen zufolge taucht die Speise bereits im 18. Jahrhundert in Reiseberichten über Kleinasien auf. Dort werden drehende Spieße erwähnt, auf denen Fleisch gebraten wird. Andere Quellen sprechen von türkischen Soldaten, die während der Herrschaft der Osmanen Fleischstücke auf ihre Schwerter spießten, um sie über offenem Feuer zu grillen. Fleisch an einem drehenden Spieß über Feuer zu braten ist also eine althergebrachte Methode. Neu scheint die Idee zu sein, den Spieß vertikal aufzustellen und an einer seitlich platzierten Hitzequelle vorbeizudrehen.

Eine Erfolgsgeschichte

Die Entwicklung des Döners in Deutschland ist vor dem Hintergrund der wirtschaftlichen Lage zu sehen. In den ersten Jahrzehnten, in denen die Gastarbeiter in Deutschland für einen geregelten Lohn hart arbeiteten und in den Sommerwochen auf Heimaturlaub waren, dachte kein Türke daran, sich mit einem Imbissstand in diesem Land selbstständig zu machen. Als jedoch die Weltwirtschaftskrise ihre Schatten auf die Bevölkerung warf, verloren viele ihren sicher geglaubten Job. In den frühen 1970er Jahren entstanden die ersten Imbissbuden in Berlin. Kreuzberg war die Wiege des Döners in Deutschland. Jeder Stand hatte seine eigene Rezeptur, und dort, wo der Döner am besten war, war auch die Warteschlange zur Mittagszeit am längsten. Innovativ, dabei verblüffend einfach und zudem äußerst praktisch war das Ganze: Ein Fladenbrot wird gegrillt, in Quadrate geschnitten, an der Spitze wie eine Teigtasche aufgeschnitten und mit dem gebratenen und in dünne Streifen abgeschnittenen Fleisch gefüllt. Etwas Salat und Joghurtsauce dazu, fertig. Der nächste Kunde kann kommen. Auch er bekommt sein Essen in die Hand gedrückt, Teller, Messer und Gabel werden nicht benötigt, man isst und genießt im Stehen oder Gehen.

Allseits beliebt

Auch Deutsche wurden auf den Döner aufmerksam, ihre anfängliche Skepsis wandelte sich in Neugier und Genuss. So erfreute sich der Döner als Fast-Food-Essen immer größerer Beliebtheit und wird nun bundesweit verzehrt. Manche behaupten gar, der Döner wurde in Deutschland von hier lebenden Türken erfunden und in die Türkei „reimportiert". In Istanbul und anderen türkischen Städten ist er vom Alltagsbild jedenfalls nicht mehr wegzudenken.

Woher der Name stammt

Der Name „Döner“ stammt von dem türkischen Wort „dönmek“ ab. Er bedeutet „sich drehen“ und bezieht sich auf die Herstellungsweise: Mariniertes Fleisch, in Lagen aufgeschichtet, wird auf einem wärmeleitenden Metallspieß vor einer Hitzequelle drehend gebraten und in dünnen Scheiben mehr abgeschabt als geschnitten. Die zum Marinieren verwendeten Gewürze sind dabei streng geheim, denn kein Dönerbudenbesitzer würde je sein Rezept verraten.
Der Name „Kebap“ oder „Kebab“ stammt vermutlich aus dem Persischen und bedeutet dem Ursprung nach „(am Spieß) gebratenes bzw. geröstetes Fleisch“. Mit „Döner“ beziehungsweise „Döner Kebap“ ist Fleisch gemeint, das an einem drehenden Spieß (Döner) gebraten (Kebap) wird. Heutzutage ist Kebap zu einem Sammelbegriff für viele möglichen Bratfleischvarianten geworden. Und auch vegetarische Kreationen tragen immer häufiger den Namen Kebap.

Beilagen nach Wunsch

Mittlerweile gibt es Lamm-, Rind- oder Chicken-Döner, die mit unterschiedlichen Saucen und Gewürzen verfeinert werden. Im Gegensatz zur Türkei, wo er mit Gurken- und Tomatenscheiben sowie Petersilie, eingelegtem Gemüse, dem so genannten „tursu“, sowie Joghurt geschätzt wird, garniert man Döner in Deutschland üppig mit grünem Salat, Tomatenscheiben, Zwiebelringen und Rotkohlschnitzel. Auch die hierzulande beliebten Saucen sind in der Türkei nahezu unbekannt.

Guten Appetit

Eines steht fest: Das Gericht ist keine Hausmannskost. Man bereitet es – aufgrund der Herstellungsweise – üblicherweise nicht in den eigenen vier Wänden zu. Der Döner ist zum Essen im Vorbeigehen gedacht, und Gelegenheiten dazu gibt es täglich. Doch um auch zu Hause in den Genuss von Lammfleisch im Fladenbrot zu kommen, steht auf Seite 80/81 ein passendes Rezept.

30 Minuten
für 4 Personen
(Snack)

Ekmek arası kuzu eti

Lamm im Fladenbro

Als Döner Kebab ist die beliebte Kombination aus Fladenbrot und gebratenem Lammfleisch in Deutschland bekannt. Für den Hausgebrauch wird in diesem Rezept das Fleisch nicht am Drehspieß gegart, sondern in der Pfanne gebraten.

Zutaten

500 g Lammfleisch ohne Knochen
1/8 l Sonnenblumenöl
2 rote Zwiebeln
2 Peperoni
1 große Tomate
1 TL Salz
1 TL Pfeffer
2 TL Sumach (Essigbaumgewürzpräparat)
1 EL frisch geschnittene Petersilie
1 Fladenbrot (s. Seite 102)

Das Lammfleisch in kleine Würfel schneiden. 1 Liter Wasser in einem Topf aufkochen und das Fleisch darin 1 bis 2 Minuten blanchieren. Mit einem Schaumlöffel herausnehmen und in einem Sieb abtropfen lassen.

Das Öl in einer Pfanne erhitzen und die Fleischwürfel darin 10 bis 15 Minuten anbraten. Die Hitzezufuhr abstellen und die Pfanne auf der Kochstelle stehen lassen.

Die Zwiebeln abziehen und klein schneiden. Die Peperoni waschen, Stielansätze abschneiden, die Samen herausnehmen und die Schoten in kleine Ringe schneiden. Die Tomate waschen und in Würfel schneiden.

Zwiebeln, Peperoni und Tomaten mit Salz, Pfeffer, Sumach und Petersilie unter das Lammfleisch mischen.

Das Fladenbrot vierteln und jedes Viertel von der Spitze zur Hälfte hin halbieren. Die Lammfleischmischung einfüllen.

Tipp **Wer mag, würzt die Fleischmischung noch mit scharfem Paprikapulver und gibt etwas Joghurtsauce mit Knoblauch mit in die Brottasche.**

Info

Sumach, türk. Sumak, ist ein fruchtig-säuerliches Gewürz aus den Beeren des Sumachbaums (bot. *Rhus coriaria*), das es in jedem türkischen Supermarkt zu kaufen gibt. Man verwendet es zu Salaten, Pizza und Fleisch. Der Sumachbaum wird etwa 3 Meter groß. Seine Blätter färben sich im Herbst leuchtend rotbraun. Die weißen Blüten bringen rote Beeren hervor, die kurz vor der Reife geerntet und getrocknet werden. Sie werden entweder im Ganzen, zerstoßen oder gemahlen verwendet.

60 Minuten
für 6 Personen

Etli Kereviz

Sellerie mit Fleisch in Olivenöl

Zutaten

1 Bund Staudensellerie
250 g zartes Lammfleisch ohne Knochen
1 Zwiebel
1 Tomate
1/8 l Olivenöl
1 EL Tomatenmark
1 TL Salz
Saft von 1/2 Zitrone

Von dem Sellerie den Strunk abschneiden, die Stangen waschen, putzen und in 3 Zentimeter lange Stücke schneiden. Wasser in einem Topf aufkochen und den Sellerie darin 5 bis 10 Minuten garen. Mit einem Schaumlöffel herausheben und in einem Sieb abtropfen lassen.

Das Lammfleisch in kleine, mundgerechte Stücke schneiden. Die Zwiebel abziehen und klein schneiden. Die Tomate waschen und in Würfel schneiden.

Das Öl erhitzen und das Lammfleisch 5 bis 10 Minuten darin anbraten. Zwiebel etwa 1 Minute mitdünsten. Tomate zufügen und 1 weitere Minute mitdünsten. Tomatenmark unterrühren und kurz mitbraten. 750 Milliliter heißes Wasser und den Sellerie zugeben, salzen und 20 bis 30 Minuten leise kochen lassen. Mit Zitronensaft würzen.

Deutsche Sprache, schwere Sprache ...

... das ist tatsächlich so. Nicht nur die verschiedenen Artikel, Fälle, Präpositionen und grammatikalischen Regeln machen es Ausländern nicht leicht, die deutsche Sprache zu erlernen. Auch die Aussprache gestaltet sich oft schwierig. Türken haben zum Beispiel oft ein Problem mit „ch“. So sprechen viele das Wort „Buch“ als „Buh“ oder „Buck“ aus, und „Bücher“ werden zu „Bühern“. Im türkischen Alphabet wird „z“ wie weiches „s“, also wie in dem Wort „Samstag“ ausgesprochen. Ein deutsches „z“ wie im Wort „Zwiebel“ wird auch gerne als „s“ ausgesprochen. Und so weiter und so fort.

Ein deutscher Freund bestellte einst in Berlin in einer Dönerbude zwei Fleischburger. Einer sollte mit Zwiebeln, einer ohne Zwiebeln eingepackt werden. Als der Besitzer beide Portionen in Alufolie eingepackt hatte, wunderte sich der Freund, welcher Döner wohl mit und welcher ohne Zwiebel garniert sei. „Steht drauf“, antwortete der Türke. Eine Portion war mit „MOS“ gekennzeichnet, also „mit ohne Swiebel“! Alles klar?!

Topalak

90 Minuten
für 4 Personen

Hackbällchen in Fleischbrühe

Zutaten

400 g grobkörniger Bulgur
2 Zwiebeln
2 TL Salz
1 TL Pfeffer
250 g Hackfleisch vom Lamm
200 g Mehl
250 g Kichererbsen (Dose)
50 g Butter
1 EL Tomatenmark
einige Spritzer Zitronensaft

Den Bulgur in ein engmaschiges Sieb geben, mit Wasser ausspülen, abtropfen lassen und in eine Schüssel geben. Zwiebeln abziehen, auf einer Reibe zerreiben und mit 1 Teelöffel Salz, Pfeffer und 200 Milliliter kochendem Wasser zur Weizengrütze geben. Alles mit den Händen gut verkneten. Die Schüssel abdecken und die Mischung 15 Minuten ruhen lassen.

Hackfleisch, Mehl und 100 Milliliter heißes Wasser zur Weizengrütze geben und 10 Minuten lang mit den Händen zu einer gleichmäßigen Masse verkneten.

Die Hände mit Mehl einreiben und aus je 1 Esslöffel der Weizen-Hackfleisch-Mischung ein walnussgroßes Klößchen formen. Ein Tablett mit Mehl bestreuen und die Hackbällchen darauf legen, damit sie nicht verkleben.

In einem Topf 2 Liter Wasser zum Kochen bringen, eine Prise Salz zufügen und die Hackbällchen mit einer Kelle in das kochende Wasser gleiten lassen. Kurz aufkochen und bei mittlerer Hitze etwa 20 Minuten leise kochen lassen.

Die Kichererbsen aus der Dose kurz unter fließendem Wasser abspülen und zu den Hackbällchen geben.

Die Butter in einer Pfanne erhitzen und das Tomatenmark unterrühren. Nach 2 bis 3 Minuten unter die Hackbällchen rühren. Das Gericht in tiefen Tellern servieren und einige Spritzer Zitronensaft darüber verteilen.

120 + 20 Minuten
für 4 Personen

Hamsi

Sardellen

Hamsi, die türkischen Sardellen, zeichnen sich durch einen kräftigen, würzigen Geschmack aus. Dieser kommt besonders gut zur Geltung, wenn die ausgenommenen und in Zitrone marinierten Fische im Ganzen ohne Fett gebraten werden.

Zutaten

500 g Hamsi (Sardellen)
100 ml Sonnenblumenöl
1 TL Salz
Saft von 1/2 Zitrone

Die Hamsi ausnehmen; dafür die Fische auf der Bauchseite aufschneiden, auseinander klappen und auch die Mittelgräte entfernen. Unter kaltem Wasser abspülen, abtropfen lassen und mit Küchenpapier trockentupfen.

In einer Schüssel Öl, Salz und Zitronensaft miteinander verrühren. Die Fische darin eintunken, herausnehmen und in einem Behälter 2 Stunden im Kühlschrank verwahren. So zieht der Zitronensud richtig ein.

Die Fische in einer Pfanne aneinander reihen und ohne Öl kross braten. Mit einem Deckel oder Teller die Fische wenden und von der anderen Seite braten. Mit einem einfachen Salat und Ayran (siehe Seite 113) servieren.

Info **„Hamsi" ist der türkische Name für Sardellen. Die kleinen, bis allerhöchstens 20 Zentimeter langen Verwandten der Heringe haben einen sehr schlanken, seitlich abgeflachten Körper. Ihr Bauch glänzt silbrig, ihr Rücken ist blaugrün. Sardellen leben in Schwärmen und kommen sowohl im Nordostatlantik als auch am Mittelmeer und im Schwarzen Meer vor. Während Sardellen in Spanien und Portugal vor allem in Salz und Öl in Dosen oder Gläsern abgepackt als Sardellen oder Anchovis in den Handel kommen, bevorzugt man in der Türkei frische Fische. Die türkische Küste am Schwarzen Meer ist berühmt für ihre Hamsirezepte. Bei uns gibt es die Fische frisch und abgepackt in vielen türkischen Supermärkten zu kaufen.**

Backparadies

Weizen und Teig

Weizen ist eine tragende Säule der türkischen Küche. Sei es in seiner Grundform als Korn, gekocht, getrocknet und geschrotet als Bulgur oder vermahlen als Mehl. Aus dem Mehl werden Fladenbrot und köstliche Teigtaschen, etwa mit Spinat-, Brennnessel- oder Käsefüllung, hergestellt. Besonders beliebt sind auch die dünnen Teigblätter „börek“, die ebenfalls herzhaft gefüllt werden.
Darüber hinaus liefert Weizenmehl die Grundzutat für selbst gemachte Nudeln „makarna“ und „mantı“, gefüllte Nudeln, die den italienischen Ravioli ähnlich sind.

Der tiefe Sinn von Ohrläppchen

Meiner Mutter, einer sehr praktisch denkenden Frau, habe ich es zu verdanken, dass ich Ohrläppchen jetzt ganz anders wahrnehme und betrachte. Sie hängen nicht nur sinnlos am Kopf herum, sie sind auch gut zum Pizzabacken.

Teig so weich wie ...

Eines Tages vor gar nicht allzu langer Zeit hatte ich die geniale Idee, türkisch zu kochen. Ich wollte meinen deutschen Freunden meine Kultur näher bringen, und so entschloss ich mich, eine Pizza (Lahmacun) zu backen. Also rief ich meine Mutter an und fragte sie nach dem Hausrezept. Als alle Details übermittelt waren, machte ich mich an das Kneten des Teiges. Aber wie lange genau sollte ich mich damit abmühen? Der Tipp meiner Mutter: „So lange, bis der Teig so weich ist wie Ohrläppchen." Gesagt, getan! Ich stand in der Küche, knetete mit beiden Händen fleißig den Teig und rief alle paar Minuten meine Freunde herbei. Sie hatten die verantwortungsvolle Aufgabe, zuerst meine Ohrläppchen und dann den Pizzateig zu befühlen, bis beides gleich weich war. Die erste Hürde war damit genommen.

Und so dünn wie ...

Aber eine Pizza darf natürlich nicht zu dick und auch nicht zu dünn ausgerollt werden. Wieder waren die Erfahrungen meiner Mutter gefragt. Ich rief sie an. Sie überlegte kurz, legte den Hörer weg, und ich hörte nur noch ein Rascheln am anderen Ende der Leitung. Na ja, dachte ich, vielleicht hat sie auch irgendwo ein Kochbuch, das sie gerade durchblättert, obwohl mir der Gedanke ziemlich absurd vorkam. Meine Mutter und ein Kochbuch! Ich hatte Recht. Sie nahm wieder den Hörer zur Hand und sagte: „Ich habe gerade nachgeschaut. Die Pizza muss so dick sein wie ungefähr 6 Seiten der Zeitung Hürriyet." Ich sag ja: Meine Mutter ist eine praktisch denkende Frau. Und wer keine Hürriyet zur Hand hat, der kann auch gerne zu einer deutschen Tageszeitung greifen.

Makarna

60 Minuten
für 4 Personen

Selbst gemachte Nudeln

Zutaten

500 g Mehl
3 Eier
1 1/2 TL Salz
1/8 l Milch

Für den Teig in einer Schüssel Mehl, Eier, Salz und Milch miteinander vermischen. Nach und nach etwa 175 Milliliter Wasser zugießen und kneten, bis der Teig so weich wie Ohrläppchen ist (siehe Anekdote Seite 88).

Den Teig in 3 Portionen teilen und zu Kugeln formen. Die Kugeln auf einer bemehlten Arbeitsfläche zu Fladen ausrollen, die im Durchschnitt 40 Zentimeter breit sind. Entweder die Nudeln sofort zubereiten oder einige Zeit trocknen lassen, um sie dadurch für einen längeren Zeitraum haltbar zu machen.

Für den unmittelbaren Verzehr der Nudeln wird wie folgt verfahren: Auf die Hälfte des ausgerollten Teigs gleichmäßig 2 Esslöffel Mehl streuen, die andere Hälfte darüber klappen, sodass die Teigtasche die Form des Buchstabens D hat. Die entstandene Teigtasche in der Mitte durchschneiden und beide Hälften aufeinander legen, sodass insgesamt 4 Lagen übereinander liegen.

Den Teig in Streifen von 3 Zentimeter Länge und ca. 0,5 Zentimeter Breite schneiden und voneinander lösen. In einem großen Topf reichlich Wasser mit etwas Salz aufkochen und die Nudeln darin etwa 8 Minuten „al dente“ kochen. Sie schmecken mit zerlassener Butter oder mit frischen Pastasaucen sehr gut.

Wenn man die Nudeln länger aufbewahren möchte, den übereinander gelegten Teig schneiden, auf ein großes Tischtuch, besser ein Bettlaken, ausbreiten und bei Zimmertemperatur 2 bis 3 Tage trocknen lassen. Die Eiernudeln halten sich am besten in Dosen oder Gläsern.

20 Minuten
für 2–3 Personen

Yoğurtlu makarna

Nudeln in Knoblauch-Joghurt-Sauce

Zutaten

300 g selbst gemachte Nudeln (s. Seite 89) oder Penne
2 Knoblauchzehen
500 g Naturjoghurt
2 TL getrocknete oder frische Pfefferminze
1 Prise Salz
50 g Butter
1 TL rotes Paprikapulver

Die Nudeln in sprudelnd kochendes Salzwasser geben und bissfest garen. Sie sollten nicht zu weich werden, „al dente“ ist genau richtig. Die Nudeln aus dem Topf nehmen und in einem Sieb abkühlen lassen.

In der Zwischenzeit den Knoblauch abziehen, klein hacken und unter den Joghurt rühren. Den Knoblauchjoghurt ziehen lassen. Frische Pfefferminze klein hacken.

Die kalten Nudeln in eine Schüssel geben und den Knoblauchjoghurt untermischen. Mit Pfefferminze bestreuen, mit Salz würzen und gut vermengen.

Die Butter in einer Pfanne erhitzen, das Paprikapulver darin kurz verrühren und von der Kochstelle nehmen. Warm auf die (kalten) Nudeln geben.

Tipp **Diese kalten Nudeln sind besonders erfrischend im Sommer.**

Info **Die türkische Bezeichnung „rotes Paprikapulver“ (kirmizi pul biber) sagt nichts über den Schärfegrad des Gewürzes aus. Es ist also reine Geschmacksache, welchen Schärfegrad man auswählt.**

Domates soslu makarna

50 Minuten
für 4 Personen

Nudeln mit Tomatensauce

Die Zwiebel abziehen und klein schneiden. Öl erhitzen und die Zwiebel darin anbraten. Die Tomaten mit einer Gabel zerkleinern und in die Pfanne geben. Mit Salz und Zucker würzen und 10 Minuten bei mittlerer Hitze kochen.

Den Knoblauch abziehen, klein schneiden und zugeben. Die Sauce kurz aufkochen und anschließend bei schwächster Hitze 30 Minuten leise kochen lassen.

Inzwischen die Nudeln in kochendes Salzwasser geben und „al dente" kochen. Abgießen und mit der Tomatensauce anrichten.

Tipp **Zucker in kleinsten Mengen rundet die Sauce geschmacklich ab, ohne sie zu süßen.**

Zutaten

500 g selbst gemachte Nudeln
(s. Seite 89)
Salz

Sauce
1 Zwiebel
100 ml Olivenöl
400 g geschälte Tomaten
(Dose)
Salz
1 Messerspitze Zucker
2 Knoblauchzehen

Peynirli makarna

20 Minuten
für 4 Personen

Nudeln mit Schafskäse

Die Nudeln in kochendes Salzwasser geben und „al dente" kochen. Abgießen und abtropfen lassen.

Inzwischen die Butter in einer Pfanne zerlassen. Die Nudeln unterheben. Den Käse darüber reiben beziehungsweise zerbröckeln und kurz untermischen.

Tipp **Statt Käse pur eine Würzpaste (S. 25 bis 26) mit wenig Nudelkochwasser verrühren und als Sauce dazu essen. Oder einfach etwas Öl auf die Nudeln geben und Oliven dazu essen.**

Zutaten

500 g selbst gemachte Nudeln
(s. Seite 89)
Salz
200 g Butter
200 g Schafskäse (Feta)

Zutaten

Teig
1/2 Würfel frische Hefe
500 g Mehl
1 TL Salz
3 EL Sonnenblumenöl

Belag
250 g Hackfleisch vom Lamm
3 Knoblauchzehen
400 g geschälte Tomaten (Dose)
1 EL Tomatenmark (oder scharfes Paprikamark)
75 ml Sonnenblumenöl
1 TL Salz
Pfeffer

Zum Servieren
1 große Zwiebel
1 Bund glatte Petersilie
1 Zitrone

Für den Teig die Hefe in etwas lauwarmem Wasser auflösen. Das Mehl in eine Schüssel sieben, salzen und in die Mitte eine Mulde drücken. Die aufgelöste Hefe, etwa 350 Milliliter lauwarmes Wasser und das Öl zugeben. Den Teig so lange mit den Händen kneten, bis er weich wie Ohrläppchen ist (siehe Anekdote Seite 88). Mit einem Tuch bedecken und bei Zimmertemperatur 10 Minuten ruhen lassen.

Inzwischen für den Belag das Hackfleisch in eine Schüssel geben. Den Knoblauch abziehen und klein schneiden. Die Tomaten mit einer Gabel etwas zerkleinern. Knoblauch, Tomaten, Tomatenmark und Öl zum Fleisch geben. Salzen, pfeffern und alles verkneten.

Den Backofen auf 200 °C (Umluft 180 °C, Gas Stufe 3–4) vorheizen. Ein Backblech mit Öl einreiben oder mit Backpapier auslegen.

Den Teig in 10 Portionen teilen und diese jeweils zu einer Kugel formen. Eine Arbeitsfläche mit Mehl bestäuben und jede Teigkugel auf die Größe von Kuchentellern und so dünn ausrollen, wie etwa 6 übereinander liegende Zeitungsseiten sind (siehe Seite 88).

Je 3 bis 4 Teigplatten auf das Backblech legen, dünn mit dem Belag bestreichen und im Backofen auf der untersten Schiene 10 bis 12 Minuten backen. Der Teig sollte knusprig und der Belag gut durch sein. Herausnehmen und die nächste Portion Teigplatten entsprechend belegen und backen.

Die Zwiebel abziehen und in Ringe schneiden. Die Petersilie waschen und klein hacken. Beides auf die Lahmacun geben und mit etwas Zitrone beträufeln. Die frisch gebackenen Lahmacun einrollen.

Tipp **Beim Auftragen des Belages einen knapp 1 Zentimeter breiten Rand frei lassen, damit sich die Teigfladen später gut einrollen lassen.**

Lahmacun

Türkische Pizza

60 Minuten
für 4 Personen

Wer kennt sie nicht, die köstliche türkische „Pizza". Frischer Hefeteig, mit einem herzhaften Belag aus Lammfleisch dünn bestrichen, mit frischer Petersilie bestreut, mit Zitrone beträufelt und nach dem Backen schnell eingerollt.

90 Minuten
für 4 Personen

Isırgan bükmesi

Teigtaschen mit Brennnesselfüllung

Zutaten

Teig
1/2 Würfel frische Hefe
500 g Mehl
1 EL Sonnenblumenöl
1 TL Salz
1 TL Zucker

Füllung
500 g Brennnesselblätter (frisch oder getrocknet)
1 große Zwiebel
200 g Schafskäse (Feta)
1 TL Salz
1 TL Pfeffer
1 TL scharfes Paprikapulver
150 ml Sonnenblumenöl

Glasur
50 ml Vollmilch oder Kaffeesahne
1 Ei
1 TL Sesamkörner

Für den Teig die Hefe in etwas lauwarmem Wasser auflösen. Das Mehl in eine Schüssel sieben, in die Mitte eine Mulde drücken und Hefe, Öl, Salz und Zucker hineingeben. Alles verrühren und nach und nach etwa 350 Milliliter lauwarmes Wasser zugießen und alles zu einem Teig verkneten. Eine Hand voll Mehl darüber streuen und mit einem Geschirrtuch zugedeckt 30 Minuten ruhen lassen.

Für die Füllung die Brennnessel in kaltem Wasser zweimal auswaschen, klein schneiden und kurz in kochendes Wasser eintunken. Danach nochmals auswaschen, mit Handschuhen gut auswringen und in eine Schüssel geben. Die Zwiebel abziehen, klein schneiden und zufügen. Den Käse zerbröseln und zugeben. Mit Salz, Pfeffer und Paprikapulver würzen. Das Öl zugießen und alles vermengen.

Den Backofen auf 200 °C (Umluft 180 °C, Gas Stufe 3–4) vorheizen. Ein Backblech mit etwas Öl einreiben oder mit Backpapier auslegen.

Den Teig in 5 Portionen teilen und zu Kugeln formen. Eine Arbeitsfläche mit Mehl bestreuen und die Teigkugeln zu 1 Zentimeter dicken, runden Talern ausrollen. Je ein Fünftel der Füllung auf eine Teighälfte geben, die andere Teighälfte darüber klappen, sodass der Buchstabe D entsteht. Die Teigränder mit den Fingern zusammendrücken, damit der Sud der Füllung nicht auslaufen kann.

Milch, Ei und Sesam verrühren und auf die halbmondförmigen Taschen pinseln. 2 bis 3 „bükmes“ auf das Backblech legen und im Backofen etwa 30 Minuten backen.

Tipp **Statt Brennnessel Spinat zum Füllen verwenden. Dafür die Blätter waschen, klein schneiden, in lauwarmem bis warmem Wasser kurz abwaschen und das Wasser gut ausdrücken. Die weitere Zubereitung erfolgt wie oben beschrieben. Diese Zubereitung trägt den Namen Ispanaklı bükme.**

Kol böreği

75 Minuten
für 6 Personen

Kartoffeln in zarter Teigrolle

Für den Teig in einer Schüssel Mehl, Ei und Öl miteinander vermengen. Dabei so viel lauwarmes Wasser dazugeben und kneten, bis er weich wie Ohrläppchen (siehe Anekdote Seite 88) ist.

Für die Füllung die Kartoffeln waschen und in etwa 20 Minuten weich kochen. Abgießen, pellen und in einer Schüssel mit einer Gabel zerdrücken. Die Zwiebel abziehen, klein schneiden und zugeben. Die Petersilie waschen, trockenschwenken, die Blätter abzupfen, fein hacken und zu den Kartoffeln geben. Mit Paprikapulver, Salz und Pfeffer würzen und das Öl untermischen.

Den Teig in 8 Portionen teilen und zu Kugeln formen. Eine Arbeitsfläche mit Mehl bestauben und die Teigkugeln zu runden Fladen ausrollen, die so dünn sind, dass man eine darunter liegende Zeitung lesen könnte. Die ausgerollten Teige einzeln weiterbearbeiten. Dafür je 1 Teigfladen auf ein Geschirrtuch legen und ein Achtel der Füllung darauf verteilen. Mit Hilfe des Geschirrtuchs einrollen, sodass ein länglicher Schlauch von 3 bis 4 Zentimeter Dicke entsteht.

Backofen auf 180 °C (Umluft 160 °C, Gas Stufe 2–3) vorheizen. Ein Backblech mit Öl einreiben. Wenn ein rundes Backblech oder ein „tepsi" (siehe Info Seite 71) vorhanden ist, die 8 gefüllten „Teigschläuche" zu Schnecken formen und spiralförmig auflegen. Auf einem viereckigen Backblech alle 8 Portionen gerade nebeneinander legen oder auch in Schneckenform einrollen. Mit Öl bestreichen.

Das Backblech in den heißen Backofen geben und die Teigrollen 20 bis 30 Minuten backen. Herausnehmen, in kleine Portionen schneiden und servieren.

Tipp **Wenn es schnell gehen soll, statt frischem Teig 8 große, runde Yufka-Teigblätter verwenden.**

Zutaten

Teig
500 g Mehl
1 Ei
4 EL Sonnenblumenöl

Füllung
5 große Kartoffeln
1 Zwiebel
1 Bund glatte Petersilie
1 TL Paprikapulver (Schärfe je nach Geschmack)
Salz
Pfeffer
1 EL Sonnenblumenöl

Außerdem
ca. 150 ml Sonnenblumenöl zum Bestreichen der Teiglagen

120 Minuten
für 4 Personen

Gözleme

Teigtaschen mit Spinatfüllung

Gözleme werden traditionell in der Türkei auf „sac“ gebraten, speziellen Heizplatten, die einer Pfanne ähneln. Da es diese in Deutschland einst nicht gab, hat sich die Zubereitung auf dem Boden des Backofens ergeben, und das funktioniert sehr gut.

Zutaten

Teig
500 g Mehl
75 ml Sonnenblumenöl
1/2 Würfel frische Hefe
1 1/2 TL Salz

Füllung
500 g frischer Spinat
1 große Zwiebel
1 TL Salz
1 TL Pfeffer
100 ml Sonnenblumenöl

Außerdem
50 g Butter zum Bestreichen

Für den Teig Mehl, Öl, Hefe, Salz und 350 Milliliter lauwarmes Wasser in eine Schüssel geben und mit den Händen gut verkneten, bis der Teig weich wie Ohrläppchen ist (siehe Anekdote Seite 88). Falls der Teig zu zäh ist, etwas Wasser nachgießen. Falls er zu weich ist, etwas Mehl dazugeben. Ein Geschirrtuch über die Schüssel legen und den Teig 15 Minuten bei Zimmertemperatur ruhen lassen.

Den Teig in 4 Portionen teilen und zu Kugeln formen. Eine Arbeitsfläche mit Mehl bestreuen und die Teigkugeln darauf zu runden Fladen von 30 Zentimeter Durchmesser und 5 Millimeter Dicke ausrollen.

Für die Füllung den Spinat unter lauwarmem Wasser abspülen, Wurzeln und Stängel entfernen, die Blätter klein schneiden und in eine Schüssel geben. Die Zwiebel abziehen, klein hacken und zugeben. Mit Salz und Pfeffer würzen und das Sonnenblumenöl unter den Spinat mischen.

Den Backofen auf 250 °C (Umluft 230 °C, Gas Stufe 6) vorheizen.

Die Spinatfüllung auf die Teigfladen verteilen, und zwar so, dass jeder Teigfladen nur zur Hälfte belegt ist. Die andere Teighälfte über die Füllung legen und die Enden mit den Fingern zusammendrücken, damit halbmondförmige Teigtaschen entstehen. Den Boden des Backofens mit Backpapier auslegen und die Teigtaschen nacheinander auf dem Boden von jeder Seite 5 Minuten kross backen.

Die Butter zerlassen und auf die fertigen Teigtaschen streichen. Warm servieren.

Tipp **Die Füllung für diese Teigtaschen sollte möglichst trocken sein, damit sie beim Backen nicht ausläuft. Deshalb den Spinat nach dem Waschen und Putzen gut ausdrücken.**

Info **Gözleme sind eine beliebte Speise, die oft als kleiner Imbiss angeboten wird. Der dünne Teig kann auch mit Schafskäse oder Wurst gefüllt werden und zu einer Tasche zusammengeklappt werden. Je nach Wunsch kann die Füllung auch mit scharfem Paprikapulver gewürzt werden. Gözleme werden warm gegessen und erst kurz vor Verzehr mit zerlassener Butter eingepinselt.**

0 Minuten
4 Persone
s nac

Zutaten

1 Bund glatte Petersilie
1 Bund Dill
250 g Schafskäse (Feta)
3 EL Sonnenblumenöl
1 TL Salz
Pfeffer
20 kleine, dreieckige Yufka-Blätter
1 Eigelb

Außerdem
etwa 300 ml Sonnenblumenöl zum Frittieren

Gefüllte Teigröllchen

Petersilie und Dill waschen, ausschütteln und fein hacken. Den Schafskäse mit der Hand zerbröseln. Kräuter, Käse und Öl in einer kleinen Schüssel miteinander vermengen, salzen und pfeffern.

Die Yufka-Blätter mit der Käse-Kräuter-Mischung füllen. Dafür 1 Teelöffel der Mischung auf das lange Ende der Yufka geben, die seitlichen Enden einklappen und zur Spitze hin fest zusammenrollen. Die zusammengerollten Blätter sehen aus wie Zigarren. Das Eigelb verquirlen und mit einem Pinsel oder einem Papiertuch auf die Röllchen streichen, damit diese sich beim Frittieren nicht öffnen.

Sonnenblumenöl in einer Pfanne erhitzen und die Röllchen darin portionsweise etwa 3 Minuten goldbraun frittieren, dabei wenden, damit sie nicht anbrennen. Aus der Pfanne nehmen, abtropfen und auskühlen lassen.

Tipp **Yufka-Blätter, die bereits zubereiteten Teiglagen, gibt es in jedem türkischen Supermarkt in unterschiedlichen Größen zu kaufen. Die aus ihnen hergestellten Teigröllchen sind köstlich, relativ einfach zuzubereiten und ideal für unterwegs. Sie schmecken warm und kalt und halten sich mindestens 2 Tage. Die Füllung kann je nach Geschmack variiert werden: etwa mit Hackfleisch vom Rind, Spinat und Schafskäse oder mit einer Mischung aus Schafskäse und Petersilie ohne Dill.**

Tava böreği

Pfannkuchen mit pikanter Käsefüllung

50 Minuten
für 4 Personen

Für den Teig Mehl, Ei, Hefe, Sonnenblumenöl, Salz und etwa 350 Milliliter lauwarmes Wasser in eine Schüssel geben und 10 Minuten mit den Händen gut verkneten, sodass der Teig weich wie Ohrläppchen ist (siehe Anekdote Seite 88). Den Teig mit einem Geschirrtuch abdecken und 10 Minuten ruhen lassen.

Inzwischen für die Füllung den Schafskäse mit der Hand zerbröseln und in eine Schüssel geben. Petersilie und Dill waschen, klein schneiden und zufügen. Das Öl untermengen und pfeffern.

Den Teig in 3 Portionen teilen und zu Kugeln formen. Eine Arbeitsfläche mit etwas Mehl bestreuen und nacheinander jede Kugel mit einem Nudelholz zu einem dünnen Fladen von 40 Zentimeter Durchmesser ausrollen. Mit einem Wasserglas oder einem anderen runden Behälter (Durchmesser 10 Zentimeter) kleine Teigkreise ausstechen. Je 1 Esslöffel Füllung auf eine Hälfte eines jeden Kreises geben, die andere Teighälfte darüber klappen und den Teigrand mit den Fingern andrücken, damit die Füllung beim Frittieren nicht austreten kann.

Das Öl in einer hohen Pfanne erhitzen und die Taschen 2 bis 3 Minuten darin von beiden Seiten kross frittieren. Herausnehmen, abtropfen lassen und servieren.

Info **Der türkische Name „Tava böregi“ leitet sich von den Wörtern „tava“ für Pfanne und „börek“ für die türkische Teigspezialität ab. Deshalb die deutsche Übersetzung „Pfannkuchen“, auch wenn diese Bezeichnung nicht dem deutschen Eierkuchen (einem französischen Crêpe ähnlich) entspricht.**

Zutaten

Teig
500 g Mehl
1 Ei
1/2 Würfel frische Hefe
3 EL Sonnenblumenöl
1 TL Salz

Füllung
200 g Schafskäse (Feta)
1 Bund glatte Petersilie
1 Bund Dill
50 ml Sonnenblumenöl
1 TL Pfeffer

Außerdem
1/4 l Sonnenblumenöl
zum Frittieren

Zutaten

400 g rote Linsen
600 g feiner Bulgur
1 Zwiebel
300 ml Sonnenblumenöl
3 EL Tomatenmark
1 TL Salz
Pfeffer
3–4 Frühlingszwiebeln
1 Bund glatte Petersilie
4–5 Knoblauchzehen

Außerdem
5 TL rotes Paprikapulver
Saft von 1 Zitrone

Die Linsen in einem engmaschigen Sieb unter fließendem kaltem Wasser abspülen. Etwa 1/2 Liter frisches Wasser in einen Topf füllen und die Linsen darin in 10 bis 15 Minuten weich kochen; das Wasser soll vollständig aufgesogen sein. Zwischendurch vorsichtig mit einem Holzlöffel verrühren, damit nichts am Topfboden anbrennt.

Die Linsen in eine Schüssel umfüllen, den Bulgur dazugeben und mit einem Kochlöffel 5 Minuten lang gut vermengen. Der feine Bulgur weicht durch die gekochten Linsen ohne Zugabe von Flüssigkeit vollständig auf. Bei Zimmertemperatur 10 Minuten ruhen lassen.

Die Zwiebel abziehen und klein schneiden. 200 Milliliter Öl in einer Pfanne erhitzen und die Zwiebeln mit dem Tomatenmark darin anschwitzen. Zu der Linsen-Bulgur-Masse geben. Salzen, pfeffern und alles gut miteinander verkneten.

Die Frühlingszwiebeln und die Petersilie waschen und fein hacken. Den Knoblauch abziehen und klein schneiden. Alle drei Zutaten zur Linsenmasse geben und gut vermengen. Das restliche Öl zugeben und alles geschmeidig verkneten. Mit den Händen Frikadellen formen und auf einer Schale anrichten.

Das Paprikapulver auf einen kleinen Teller geben. Die Linsenfrikadellen mit dem Zitronensaft beträufeln und in dem Paprikapulver wälzen.

Info **Der feine Bulgur vereint sich aufs Beste mit der Linsenmasse, die Frikadellen sind angenehm weich und fallen dennoch nicht auseinander. Die fein aufeinander abgestimmte Würzung macht aus diesen Frikadellen eine besonders gute und schmackhafte Alternative zu fleischhaltigen Frikadellen.**

Mercimek köftesi

etwa 60 Minuten
für 6 Personen

Linsenfrikadellen

Die vegetarischen Frikadellen schmecken am besten, wenn sie noch etwas warm sind. Zitronensaft darüber träufeln und die Frikadellen in Paprikapulver tunken. Dazu das eiskalte Joghurtgetränk Ayran trinken – siehe Seite 113.

120 Minuten
für 8 Personen

Pide

Fladenbrot

Zutaten

Teig
1/2 Würfel frische Hefe
500 g Mehl
1 EL Sonnenblumenöl
1/2 EL Salz
1 TL Zucker

Belag
1/4 l Vollmilch oder Kaffeesahne
1 EL Sesamkörner

Außerdem
Sonnenblumenöl

Für den Teig die Hefe in etwas lauwarmem Wasser auflösen. Das Mehl in eine Schüssel sieben, in die Mitte eine Mulde drücken und Hefe, Öl, Salz und Zucker hineingeben. Die Zutaten in der Mulde miteinander verrühren und dabei etwas Mehl vom Rand mit einbeziehen. Nach und nach mehr Mehl einarbeiten, dabei bis zu 350 Milliliter lauwarmes Wasser zugießen und alles zu einem Teig verkneten. Eine Hand voll Mehl darüber streuen und mit einem Geschirrtuch zugedeckt 30 Minuten ruhen lassen.

Den Backofen auf 200 °C (Umluft 180 °C, Gas Stufe 3–4) vorheizen. Ein Backblech mit etwas Sonnenblumenöl einreiben.

Eine Arbeitsfläche mit Mehl bestäuben. Den Teig halbieren und nacheinander in etwa DIN-A4-Größe ausrollen. Den ersten Fladen auf das Backblech legen.

In einer kleinen Schüssel die Milch oder Kaffeesahne mit den Sesamkörnern verrühren und mit einem Pinsel auf den ausgerollten Teig streichen. Das Fladenbrot im heißen Backofen auf der mittleren Schiene in 15 bis 20 Minuten goldbraun backen.

Die andere Teigportion wie beschrieben ausrollen, auf das Backblech legen, bestreichen und anschließend backen. Das Fladenbrot schmeckt warm besonders gut.

Ekmek aşı

30 Minuten
für 4 Personen

Feine Resteküche mit Brot

Zutaten

400 g trockenes Graubrot (oder im Backofen kross gebacken)
3 Zwiebeln
1 grüne Peperoni
1 Knoblauchzehe
100 ml Sonnenblumenöl
1 EL Tomatenmark
3 Eier
1 TL Salz
Pfeffer
1 TL Pfefferminze

Den Backofen auf 200 °C (Umluft 180 °C, Gas Stufe 3–4) vorheizen.

Das Brot in mundgerechte Stücke schneiden oder zerpflücken, auf ein Backblech legen und im Backofen ohne Zusatz von Öl in 20 Minuten kross rösten. Herausnehmen, in eine Schüssel geben und abkühlen lassen.

Die Zwiebeln abziehen und klein schneiden. Peperoni waschen und in Ringe schneiden. Die Knoblauchzehe abziehen und fein hacken.

Etwas Öl in einer hohen Pfanne erhitzen und die Zwiebeln darin anschwitzen. Peperoni, Knoblauch und Tomatenmark zugeben und kurz mitdünsten. Die Eier darüber aufschlagen und – ähnlich wie Rührei – verrühren.

Sobald die Eier gut durch sind, 1 Liter heißes Wasser zugießen. Mit Salz und Pfeffer würzen. Pfefferminze zufügen und etwa 5 Minuten leise kochen lassen. Pfanne von der Kochstelle nehmen und abkühlen lassen, bis der Sud lauwarm ist. Er darf nicht zu heiß sein, da er das Brot zu sehr aufweicht. Ist er zu kalt, bleibt das Brot hart.

Die würzige Eiermischung auf das Brot geben, jedoch nicht verrühren. Gut durchziehen lassen, bis das Brot aufgeweicht ist. Portionsweise auf Teller geben.

Info **In ländlichen Regionen, in denen Nahrungsmittel naturgemäß knapp sind, wird jedes Stückchen Brot verwertet, um daraus schmackhafte Gerichte zuzubereiten. Auch dieses Rezept hat den Weg nach Deutschland geschafft, wobei hierzulande selten trockenes Brot übrig bleibt. So haben wir Brotreste meistens im Backofen kross gebacken.**

60 Minuten
für 4 Personen

Lokma

Teigbällchen

Zutaten

500 g Mehl
1 EL Olivenöl
1/2 Würfel frische Hefe
1 1/2 TL Salz
1 Ei

Außerdem
1/2 l Sonnenblumenöl

Mehl, Olivenöl, Hefe und Salz in einer Schüssel vermengen und mit den Händen verkneten. Dabei etwa 350 Milliliter lauwarmes Wasser angießen, bis der Teig weich wie ein Ohrläppchen ist (siehe Anekdote Seite 88).

Den Teig zugedeckt etwa 30 Minuten ruhen lassen. Danach das Ei aufschlagen, zum Teig geben und diesen erneut verkneten. Anschließend weitere 15 Minuten ruhen lassen. Der Teig darf nicht zu zäh werden. Er sollte, kurz bevor er zu Lokma verarbeitet wird, Fäden ziehen.

Sonnenblumenöl in einer Pfanne erhitzen. Eine Hand voll Teig nehmen, die Hand zur Faust ballen und den Teig, der oben aus der geschlossenen Hand quillt, in die Pfanne geben und von beiden Seiten je etwa 1 Minute braten. Herausnehmen und auf Küchenpapier abtropfen lassen.

Tipp **Wörtlich übersetzt heißen diese Teigbällchen „Bissen“ oder „Happen“. Sie sehen wie Windbeutel oder Berliner aus und können mit Puderzucker garniert oder mit Konfitüre serviert werden. Sie schmecken aber auch mit Schafskäse sehr gut.**

Bulgur pilavı

30 Minuten
für 4 Personen

Weizengrütze

Die Zwiebel abziehen und klein schneiden. Die Tomaten waschen und würfeln. Die Peperoni waschen, Stielansätze abschneiden, die Samen entfernen und die Schoten in feine Ringe schneiden.

Bulgur in einem engmaschigen Sieb mit fließendem kaltem Wasser abspülen und abtropfen lassen.

Die Butter in einem Topf erhitzen und die Zwiebel darin anschwitzen. Tomaten und Peperoni dazugeben und mitdünsten. Das Tomatenmark zufügen und kurz anbraten. 300 Milliliter heißes Wasser dazugeben, salzen, pfeffern und Bulgur unterrühren. 10 Minuten unter ständigem Rühren kochen, da es sonst anbrennt. Heiß servieren.

Zutaten

1 große Zwiebel
2 Tomaten
3 Peperoni
300 g grober Bulgur
75 g Butter
1 EL Tomatenmark
1 TL Salz
Pfeffer

Tipp **Dieses Gericht gelingt leicht und ist ideal als Beilage zu Gemüse- und Fleischgerichten. Mit Lamm- oder Rindfleisch zubereitet ist es eine Hauptmahlzeit. Dafür das Fleisch in mundgerechte Stücke schneiden, mit den Zwiebeln anbraten und wie beschrieben fertigstellen.**

Info **Bulgur, ein vorgekochtes Produkt aus geschrotetem Weizen, ist eine schnell zubereitete Speise, die gut sättigt. Bulgur enthält viel Protein (Eiweiß) und B-Vitamine. Bulgur lässt sich süß oder herzhaft würzen.**

60 Minuten
für 4-6 Personen

Tavuklu nohutlu bulgur pilavı

Weizengrütze mit Kichererbsen und Huhn

Nach alter Tradition bereitet man diese Speise vor, wenn man einen großen Wunsch hat, der unbedingt in Erfüllung gehen soll. Kocht man es zu Hause, ruft man viele Kinder aus der Nachbarschaft zusammen, um das Gericht gemeinsam zu essen.

Zutaten

250 g Kichererbsen (getrocknet oder aus der Dose)
1/2 küchenfertiges Huhn
500 g grob gemahlener Bulgur
50 g Butter
1 TL Salz
1 TL Pfeffer

Getrocknete Kichererbsen am Abend zuvor in Salzwasser legen und über Nacht einweichen lassen. Am nächsten Tag in frischem Wasser 1 Stunde kochen, bis sie weich sind. Kichererbsen aus der Dose kurz vor der Zubereitung abspülen und abtropfen lassen.

Das Huhn unter fließendem kaltem Wasser abspülen. In einen Topf legen, mit Wasser bedecken, aufkochen, die Hitzezufuhr etwas reduzieren und etwa 30 Minuten kochen. Herausnehmen und abkühlen lassen. Das Hühnerfleisch mit der Hand in mundgerechte Stücke zerpflücken. Die Hühnerbrühe aufbewahren.

Bulgur unter fließendem Wasser abspülen. Butter in einer Pfanne erhitzen, 1/2 Liter Hühnerbrühe zugießen und zum Kochen bringen. Bulgur dazugeben und die Weizengrütze 10 Minuten leise kochen lassen, bis der Sud verkocht ist. Kichererbsen und das Hühnerfleisch zugeben. Mit Salz und Pfeffer würzen, verrühren, von der Kochstelle nehmen und warm servieren.

Info **Dieses Gericht heißt in der westlichen Region der Türkei auch umgangssprachlich „dede aşi“, was so viel heißt wie „das Gericht des alten Mannes“. In extremen Dürrezeiten pilgerten in früheren Zeiten Bewohner ganzer Dörfer zum alten Mann in den Bergen, um mit dieser heiligen Person, einem Eremiten gleich, gemeinsam für Regen zu beten. Als Opfergabe kochte man in übergroßen Töpfen diese Mahlzeit und verteilte sie an alle Einwohner des Dorfes. Auch heute noch wird das Ritual gepflegt, auch wenn der alte Mann schon lange nicht mehr lebt. Es wird seiner gedacht, gebetet, gekocht und gegessen, und man hofft auf die so notwendige wie lebenswichtige Regenzeit.**

GAZI
GAZI
GAZI
YOĞURT
C·YAYLA
YOĞURT
Joghurt
10% Fett
C·YAYLA
YOĞURT

Joghurt und Eier

Joghurt ist ein kulinarisches Erbe der Türkei an die Welt. Aus frischer Milch auf natürliche Art selbst hergestellt, cremig, ja fast zartschmelzend, umschmeichelt Joghurt die Gaumen der Genießer. Seine Kombination mit Knoblauch ist unverzichtbar für die türkische Küche, etwa in Form einer erfrischenden Sauce, die unzählige Gemüse- und Fleischgerichte begleitet.
Die bodenständige Küche kennt darüber hinaus viele Rezepte mit Eiern, die schnell zubereitet sind und für lang anhaltende Sättigung sorgen. Durch die Kombination mit Gemüse und der Knoblauchwurst „sucuk" entstehen dabei schmackhafte Gerichte.

Der Milch ist kalt ...

Wir haben lange gebraucht, bis wir uns in Deutschland wohl fühlten. Das lag natürlich nicht nur an den komplett neuen Umständen, sondern vor allem auch am Wetter. Hier war es immer kalt und regnerisch. Ich habe mich früher oft gefragt, wofür das Wetter eigentlich gut sein soll. Irgendwann hatte ich die Lösung: um Joghurt zu machen. Denn nicht nur uns Türken war hier kalt, sondern auch der Milch. Und das war die Geburtsstunde des Joghurts in Deutschland – so dachte ich als Kind.

Die hohe Kunst des Joghurtmachens

Helga, unsere Nachbarin, mochte den Joghurt, den meine Mutter mühevoll selbst machte. Dafür holten meine Schwester und ich immer frische Milch von einem Bauern im Dorf. Eines Tages fragte Helga uns nach dem Rezept, da es in den 1970er Jahren noch keine Naturjoghurts im Handel gab. Das war gar kein Problem, meine Schwester und ich hatten unserer Mutter immer interessiert zugeschaut, und nun brannten wir darauf, der ersten Deutschen die Kunst des türkischen Joghurtmachens mitzuteilen.

Wir Kinder wussten, wie es geht ...

Helga brauchte nur einen riesigen Topf, viel frische Milch, dicke Decken und Parkas und eine Ecke in der Wohnung, die frei war. Etwas skeptisch schaute sie uns anfangs schon an, aber wir konnten sie davon überzeugen, dass so und nicht anders der Joghurt hergestellt würde. Also erhitzte Helga nach unseren Vorgaben erst die frische Milch auf der Kochstelle, um die Keime und Bakterien abzutöten. Anschließend musste sie die Milch wieder abkühlen lassen, bis sie lauwarm war. Das dauerte natürlich einige Zeit.

Wolldecken als Wärmeschutz

Und dann kamen die wichtigsten Schritte bei der Herstellung des türkischen Joghurts: Sie musste den großen Topf voll lauwarmer Milch vorsichtig in eine Ecke des Raumes auf den Boden stellen. Sie durfte dabei nicht zu schnell, aber auch nicht zu langsam gehen. Und jetzt kam wirklich das Wichtigste: Sie musste die Milch gut zudecken. Dafür hatte sie zuvor auf unsere Anweisung extra Wolldecken und dicke Jacken herausgekramt. So ganz geheuer war ihr die ganze Sache nicht, aber wir konnten sie von der Richtigkeit unserer Beschreibung überzeugen. Dann brauchten wir nur noch eine Nacht zu schlafen, und am nächsten Morgen würde aus der Milch Joghurt werden.

Eine Ecke für den Joghurt

Leider funktionierte unser Rezept nicht. Wir hatten schlicht übersehen, dass unsere Mutter jedes Mal einen Löffel fertigen Joghurts in den Topf gab. Und sie stellte die Milch lediglich aus Platzmangel in die Ecke auf den Boden, damit wir Kinder beim Toben in der Wohnung nicht darüber fielen.

8–10 Stunden
für 3 Kilogramm

Yoğurt

Naturjoghurt selbst gemacht

Zutaten

3 l Vollmilch (3,5 % Fett), besser frische Kuh- oder Schafsmilch vom Bauern (Rohmilch)
3 EL Joghurt mit mindestens 3,5 % Fett

Die Milch in einem großen Topf zum Kochen bringen, wobei die frische (rohe) Milch noch weitere 30 bis 40 Minuten auf der Kochstelle leise kochen muss, damit alle Keime abgetötet werden.

Den Topf mit der heißen Milch sofort auf einen Platz stellen, wo er einerseits langsam abkühlt und andererseits das Material unter ihm die Wärme nicht ableitet. Am besten ist eine Unterlage aus Holz (zum Beispiel ein Holzbrett), auf der 2 Schichten Handtücher ausgelegt sind. Die Milch darf nicht zu kühl und nicht zu warm sein. Ist sie zu heiß, wird der Joghurt säuerlich, ist sie zu kalt, lässt sie sich gar nicht erst verarbeiten. Die optimale Temperatur liegt zwischen 32 und 33 °C.

3 Esslöffel Joghurt mit 2 Esslöffeln warmer Milch in einer kleinen Schüssel gut verrühren, vorsichtig in die Milch im Topf gießen und gut umrühren, damit sich der Joghurt gleichmäßig verteilt. Mit einem Deckel verschließen, 2 Lagen Handtücher und eine Wolldecke auf den Deckel legen sowie 2 große Handtücher um den Topf herumwickeln und 6 Stunden ruhen lassen. Dann alle Decken und Handtücher entfernen und den Joghurt 2 bis 3 Stunden stehen lassen, bevor er in den Kühlschrank gestellt wird.

Tipp **Um den optimalen Joghurtgeschmack zu erzielen, sollte man einige 70er-Jahre-Parkas und Wolldecken zur Hand haben (siehe Seite 110) und eine Ecke in der Wohnung freiräumen. Statt einer Ecke kann natürlich auch jeder andere Platz dienen. Die Unterlage sollte lediglich nicht wackeln, damit sich die Milch über Nacht zur festen Joghurtmasse entwickeln kann. Und warm sollte die Stelle sein.**

5 Minuten
für 2-4 Gläser

Ayran

Joghurtgetränk

Den Joghurt und 1/2 Liter Wasser miteinander verquirlen. Die Blätter der frischen Pfefferminze waschen und klein schneiden. Die Pfefferminze unter den Joghurt rühren und das Getränk mit Salz würzen.

Info **Ayran ist ein feines Getränk, das in der Türkei entweder zwischendurch oder zu Mahlzeiten wie den Linsenfrikadellen Mercimek köftesi (siehe Seite 100) serviert wird. Vor allem im Sommer bringt das eiskalte Getränk eine prima Erfrischung.**

Zutaten

500 g Naturjoghurt
2 bis 3 Zweige frische Pfefferminze (oder 1 EL getrocknete Pfefferminze)
1 TL Salz

10 Minuten
für 6 Personen

Cacık

Türkischer Tsatsiki

Die Gurke waschen, schälen und raspeln. Den Knoblauch abziehen und klein schneiden. Beide Zutaten in den Joghurt rühren. Mit Salz würzen und die Pfefferminze darüber streuen.

Info **Cacık ist in Deutschland besser bekannt unter dem griechischen Namen Tsatsiki, wobei die türkische Variante durch die Pfefferminze einen angenehm frischen Geschmack erhält. Es eignet sich ideal als Dip auf Partys und bei Grillabenden oder einfach als Beilage zu anderen Gerichten.**

Zutaten

1 Gurke
2 Knoblauchzehen
500 g Naturjoghurt
1 TL Salz
1 TL getrocknete Pfefferminze

30 Minuten
für 2 Personen

Yoğurtlu ıspanak

Spinat in Joghurtsauce

Wer frischen Knoblauchgeschmack liebt, kommt bei der (fast) universell einsetzbaren Knoblauch-Joghurt-Sauce voll auf seine Kosten. Hier entfaltet die in cremigem Joghurt eingebettete Knolle ihren betörenden Duft in Kombination mit Spinat.

Zutaten

1 kg frischer Spinat
(oder 450 g Tiefkühl-
Blattspinat)
1 Zwiebel
100 ml Sonnenblumenöl
Salz
1 Messerspitze Zucker

Sauce
2 Knoblauchzehen
250 g Naturjoghurt
1 TL Salz

Frischen Spinat unter fließendem Wasser mehrmals gründlich waschen, da sich in den Blättern und Wurzeln oft Sand verfängt. Strunk und Stiele abschneiden. Die Spinatblätter in einem großen Topf mit reichlich heißem Wasser etwa 5 Minuten blanchieren. Mit einem Schaumlöffel herausnehmen, in einem Sieb abtropfen lassen und das restliche Wasser mit dem Schaumlöffel aus den Spinatblättern ausdrücken. Mit einem scharfen Messer die Blätter im Sieb etwas klein schneiden. Oder Tiefkühlspinat nach Packungsanleitung auftauen.

Die Zwiebel abziehen und klein schneiden. Das Öl in einer tiefen Pfanne erhitzen und die Zwiebeln darin 3 bis 5 Minuten dünsten. Spinat mit etwas Salz und Zucker in die Pfanne geben, verrühren und 5 bis 10 Minuten bei schwächster Hitze leise kochen lassen.

Inzwischen für die Joghurtsauce den Knoblauch abziehen, klein schneiden und in den Naturjoghurt geben. Die Sauce etwas salzen.

Den Spinat aus der Pfanne nehmen – er sollte lauwarm abgekühlt sein – und in einem flachen Behälter anrichten. Den Joghurt untermischen und servieren.

Tipp **Dieses feine Gemüsegericht lässt sich gut vorbereiten, etwa für ein Picknick, da es sowieso lauwarm bis kalt gegessen wird.**

20 Minuten
für 2–3 Personen

Menemen

Die etwas anderen Rühreier

Zutaten

1 mittelgroße Zwiebel
1 Knoblauchzehe
2 große Tomaten
3 Peperoni
100 ml Sonnenblumenöl
6 Eier
1 TL Salz
Pfeffer

Die Zwiebel und den Knoblauch abziehen und fein hacken. Tomaten waschen und in Würfel schneiden. Von den Peperoni die Stielansätze entfernen, die Schoten in feine Ringe schneiden und nach Bedarf die Samen entfernen.

Das Öl in einer Pfanne erhitzen und die Zwiebelwürfel darin kurz anschwitzen. Tomaten, Peperoni und Knoblauch dazugeben und etwa 3 Minuten mitbraten; das Gemüse soll noch knackig sein. Die Eier aufschlagen und mit dem Gemüse verrühren. Mit Salz und Pfeffer würzen.

Info **In ländlichen Regionen tunkt man Fladenbrot in das Gericht.**

Der türkische „Eiermann"

Das Landleben in Deutschland hatte seine Vorteile: Die Hektik der Stadt war uns unbekannt, wir lebten idyllisch mit Garten und genossen den friedlichen und freundschaftlichen Umgang mit unseren Nachbarn und Freunden. Nur die Infrastruktur machte uns zu schaffen. Türkische Produkte gab es damals nicht in deutschen Geschäften, und einen türkischen Supermarkt gab es erst in 30 Kilometer Entfernung. Also erledigten wir viele Wege mit öffentlichen Verkehrsmitteln, ebenso die Einkäufe. Denn zu dieser Zeit gab es noch nicht viele Türken, die einen Führerschein besaßen. Der in der Türkei erworbene Führerschein wurde meist in Deutschland nicht anerkannt, und die deutschen Fahrprüfungen stellten rein sprachlich in der Anfangszeit eine Barriere dar.
Einige findige Landsleute entdeckten jedoch eine Marktlücke. Sie besaßen einen Führerschein, ein Auto und wussten, wo Türken wohnten. Sie kauften in den großen Supermärkten Unmengen von Auberginen, Paprikaschoten, Bulgur, Käse und vieles mehr und fuhren damit über die Dörfer und verkauften die Produkte. Wir Kinder freuten uns immer riesig, wenn der türkische „Eiermann" auch vor unserer Türe Halt machte. So mussten wir nicht auf unsere gewohnten Mahlzeiten verzichten.

Kıymalı yumurta

25 Minuten
für 4 Personen

Spiegeleier mit Hackfleisch

Zutaten

2 Zwiebeln
2 lange gelbliche Paprikaschoten
100 ml Olivenöl
100 g Hackfleisch vom Rind
1/2 TL Salz
4 Eier
1/2 TL Pfeffer
Petersilie zum Garnieren

Die Zwiebeln abziehen und fein hacken. Die Paprikaschoten waschen, putzen und klein schneiden. Das Öl in einer Pfanne erhitzen und die Zwiebeln darin anschwitzen. Die Paprikastücke unterrühren. Das Hackfleisch dazugeben und unter gelegentlichem Rühren 5 bis 7 Minuten anbraten. Mit Salz würzen.

Die Eier einzeln auf das Hackfleisch aufschlagen, mit Pfeffer bestreuen und einige Minuten braten. Zum Schluss mit Petersilienblättern garnieren.

Sucuklu yumurta

10 Minuten
für 4 Personen

Rühreier mit Knoblauchwurst

Zutaten

250 g Sucuk (türkische Knoblauchwurst)
100 g Butter
8 Eier
Salz

Sucuk in feine Scheiben schneiden. Die Butter in einer Pfanne erhitzen und die Wurstscheiben darin 2 bis 3 Minuten anbraten.

Die Eier aufschlagen und auf die Wurstscheiben gleiten lassen. Vorsichtig verrühren, kurz braten und salzen.

Zutaten

1 TL Essig
8 sehr frische Eier

Sauce
1 Knoblauchzehe
1/2 Bund frische Pfefferminze
500 g Naturjoghurt
1/2 TL Salz

Außerdem
50 g Butter

In einem Topf 2 Liter Wasser mit dem Essig erhitzen. Die rohen Eier portionsweise in das siedende Wasser aufschlagen und etwa 5 Minuten garziehen lassen (pochieren), bis das Eiweiß fest ist. Vorsichtig mit einem Schaumlöffel herausnehmen, abtropfen und abkühlen lassen.

Für die Sauce Knoblauch abziehen und klein schneiden. Pfefferminze waschen, klein schneiden und beide Zutaten zum Joghurt geben. Mit Salz würzen und gut vermengen.

Die Butter in einer kleinen Pfanne bei mittlerer Hitze langsam zerlassen.

Die Eier in einer Schale anrichten, die Knoblauch-Joghurt-Sauce und die zerlassene Butter darüber geben.

Info **Pochierte Eier lässt man ohne Schale in siedendem Wasser garziehen. Zu Beginn der Garzeit soll das Wasser sprudelnd kochen, damit das Ei seine Form behält, dann reduziert man die Hitzezufuhr. Es empfiehlt sich, die Eier nacheinander zu garen (maximal 4 pro Arbeitsgang), damit die Wassertemperatur gehalten wird. Der Essig im Wasser sorgt dafür, dass das Eiweiß seine Form behält und nicht auseinander fließt.**

Yumurta çilbiri

Pochierte Eier

40 Minuten
für 4 Personen

Pochierte Eier lassen sich gut vorbereiten und sind ein erfrischendes Sommergericht. Die Optik hängt vom Alter der Eier ab. Je frischer ein Ei ist, desto besser hält das Eiweiß zusammen und umso appetitlicher sieht es nach dem Pochieren aus.

Süße Verführungen

Die türkische Fastenzeit endet mit dem Zuckerfest „Seker bayram“ und beschert den Konditoreien und Bäckereien Hochbetrieb in ihren Backstuben. Oft verlangen die Kreationen nach purem Zuckersirup, der sich jedoch zu Hause ebenso einfach zubereiten lässt wie die vielen Köstlichkeiten auf den nächsten Seiten.
Anlässe zum süßen Backen gibt es genug, wenn Freunde zu Besuch kommen oder ein großes Familienfest gefeiert wird. Im Alltag wird auch frisches saisonales oder getrocknetes Obst als Abschluss einer Mahlzeit geschätzt.

Du sollst nicht lügen

„Einer für alle, alle für einen", dieses Sprichwort muss einer meiner Landsleute erfunden haben. Denn ein Türke taucht selten alleine auf. Von Kindesbeinen an lernte ich, dass eine türkische Familie immer zusammenhält. Sei es auf Ämtern, im Supermarkt oder beim Arzt – die halbe Verwandtschaft ist dabei. Sie hilft bei Übersetzungen, gibt Ratschläge oder hält einfach nur Händchen. So war es natürlich auch bei uns. Und ich war immer froh darüber.

Beim Zahnarzt

Ich war froh darüber, denn von frühester Kindheit an musste ich eine Zahnspange tragen und ständig zum Onkel Doktor gehen. In dem kleinen Dorf im Rheinland hatte sich ein türkischer Zahnarzt niedergelassen. Seine Praxis war für mich wie ein zweites Zuhause. Und natürlich waren meine Mutter und meine Schwester bei jedem Besuch mit von der Partie. Auch an jenem Tag, als ich begriff, dass Lügen nie ungestraft bleiben.

Leidvolle Erfahrung

Ungeduldig saßen wir drei im Wartezimmer, bis ich aufgerufen wurde. Meine Mutter begleitete mich in den Behandlungsraum, der in meinen Kinderaugen eher einer Folterkammer glich. Jedes Mal, wenn ich auf dem Stuhl saß, redete ich mir ein, dass es anderen Kindern schlechter ging, um den Schmerz zu ertragen. Also hatte ich gar keinen Grund zur Sorge. Der Zahnarzt – eigentlich ein netter Mann – erklärte mir, dass er wieder einmal bohren müsse. Wenn es wehtun sollte, müsste ich einfach nur die Hand heben, und er würde aufhören. Er nahm diese furchtbaren Geräte und steckte sie mir in den Mund. Die Prozedur begann, ich hob die Hand, aber er bohrte weiter. Ich fuchtelte mit beiden Händen, doch nichts geschah. Als er nach Minuten endlich fertig war, war ich entsetzt. Wie konnte ein erwachsener Mensch ein Kind anlügen? Er hatte sein Versprechen nicht gehalten und nicht aufgehört zu bohren, als ich meine Hand hob. Aber Rache ist bekanntlich süß. Als er mit seinen nackten Fingern prüfte, ob die Plomben auch fest in meinem Mund saßen, biss ich zu. Er schrie, meine Mutter schrie, und zu allem Unheil kam meine Schwester aus dem Wartezimmer gelaufen. Sie hatte die Schreie gehört und stürzte sich auf den Zahnarzt, der mit seinem Daumen noch in meinem Mund hing. Ich weiß nicht, wie lange das Ganze gedauert hat.

Nie vergessen

Am Ende war es meiner Mutter sehr peinlich, zwei so ungezogene Töchter zu haben. Der Arzt war außer sich und hielt mir eine Standpauke über mein Benehmen. Meine Schwester war erschöpft, da sie lange und voller Inbrunst an den Beinen des Arztes gehangen und mit ihren kleinen Kinderfäusten auf ihn eingeschlagen hatte. Und ich war in zweierlei Hinsicht zufrieden: Mein Zahnarzt musste ein guter sein, wie sonst hätte ich so kraftvoll zubeißen können? Und kleine Lügen bestraft der liebe Gott sofort.

etwa 45 Minuten
für 8 Personen

Tel Kadayif

Süße Teigfäden mit Nusssplitter

Kalt serviert ist Kadayif eine ideale Nachspeise nach einer üppigen Mahlzeit mit Freunden, Bekannten oder Verwandten. Die süße Kreation mit gehackten Nüssen wird dabei meist in kleine Portionen geteilt und häppchenweise genossen.

Zutaten

500 g Tel kadayif
(hauchdünne Teigfäden)
130 g zerkleinerte
Walnüsse

Sirup
500 g Zucker
50 g Butter
1 EL Zitronensaft

Für den Sirup Zucker und Wasser in einem Topf verrühren, bis der Zucker aufgelöst ist. Den Sirup 10 bis 15 Minuten kochen, bis er dickflüssig ist.

Die perfekte Konsistenz des Sirups kann man ganz einfach mit dem „Fingernageltest“ in Erfahrung bringen: Dazu ganz vorsichtig mit einem Löffel 1 Tropfen des heißen Zuckersirups direkt auf einen Fingernagel, am besten auf den Daumen, träufeln. Wenn der Tropfen auf dem Nagel zerläuft, muss der Sirup noch etwas leise kochen. Ist der Tropfen fest und rund, ist der Sirup ideal.

Die Butter und den Zitronensaft unter den Sirup rühren. Den Topf von der Kochstelle nehmen und den Sirup abkühlen lassen, bis er lauwarm ist.

Kadayif in einen großen Behälter, beispielsweise eine runde Kuchenform, geben und mit den Walnüssen bestreuen. Den lauwarmen Zuckersirup auf die Teigfäden geben und gleichmäßig verstreichen, damit er gut eindringen kann.

Die Süßspeise bei Zimmertemperatur langsam auskühlen lassen, nicht in den Kühlschrank stellen.

Info **Tel kadayif sind hauchdünne Teigfäden, die wie dünne Fadennudeln aussehen und bereits vorgebacken und abgepackt in türkischen Supermärkten erhältlich sind. Für ihre traditionelle Herstellung wird Teig durch ein Sieb auf eine heiße Stahlplatte gepresst und wieder abgeschabt, bevor er fest wird.**

über Nacht +
120 Minuten
für 8 Personen

Aşüre

Noahs Süßspeise

Zutaten

200 g Weizenkörner
50 g Kichererbsen (getrocknet oder aus der Dose)
50 g weiße Bohnen (getrocknet oder aus der Dose)
1 Messerspitze Salz
5 getrocknete Aprikosen
5 getrocknete Feigen
100 g Rosinen
400 g Zucker
1 Hand voll Mandeln und Walnüsse
1 TL Sesamkörner
1 Messerspitze Zimt

Info

Diese Süßspeise wird aus mindestens 7 Zutaten zubereitet und erfordert mehrere parallele Arbeitsschritte. Der Sage nach hat Noah die letzten Essensreste zusammengeklaubt und daraus diese Süßspeise zubereitet.

Weizenkörner, getrocknete Kichererbsen und getrocknete Bohnen getrennt voneinander in verschiedenen Schüsseln 5 Stunden oder über Nacht in lauwarmem Wasser einweichen und dann mit lauwarmem Wasser abspülen.

Die eingeweichten Weizenkörner mit einer Prise Salz in einem Topf mit 1/2 Liter lauwarmem Wasser 60 Minuten bei schwacher Hitze kochen. Sobald sie beginnen, sich aufzublähen, sind sie gar. Im Topf sollte sich dann noch etwas Wasser befinden.

Die eingeweichten Bohnen und Kichererbsen in unterschiedlichen Töpfen mit etwa je 100 Milliliter Wasser 1 Stunde kochen, bis sie weich sind. Falls Kichererbsen und Bohnen aus der Dose verwendet werden, diese einfach nur ohne vorheriges Einweichen unter fließendem Wasser abspülen, bevor man sie in den Topf zu den Weizenkörnern gibt.

Die Aprikosen und die Feigen 30 Minuten in lauwarmem Wasser einweichen. Abspülen und vierteln.

Rosinen kurz abbrausen. Mit etwas Wasser 15 Minuten kochen, bis sie vollgesogen sind. Abtropfen lassen.

Aprikosen, Feigen und Rosinen, Kichererbsen und Bohnen zu den Weizenkörnern geben. Zucker zufügen, gut verrühren, bei schwächster Hitze 3 bis 5 Minuten leise kochen lassen. Von der Kochstelle nehmen.

Mandeln halbieren, Walnüsse zerstoßen und beides zur Süßspeise geben. Die Sesamkörner und der Zimt runden das Dessert ab. Falls Noahs Süßspeise zu dickflüssig sein sollte, kann das Dessert mit heißem Wasser verdünnt werden.

Tipp

Das Dessert schmeckt auch besonders gut als Beilage zu Eis. Wer gerne etwas länger vom Gericht haben möchte, kann die Süßspeise auch ins Gefrierfach legen und zu einem späteren Zeitpunkt wieder auftauen.

Ayva tatlısı

etwa 75 Minuten
für 4 Personen

Süße Quittenspeise

Die Quitten waschen, schälen, längs vierteln und die Samen entfernen. Die Fruchtstücke in einem Topf mit dem Zucker bestreuen, 1/2 Liter kaltes Wasser zugeben und zum Kochen bringen. Zimt und Zitronensaft zufügen und 40 bis 45 Minuten bei schwacher Hitze im offenen Topf leise kochen lassen. Die weichen Quitten im Topf abkühlen lassen.

Die Quittenviertel auf kleinen Tellern servieren. Die Sahne steif schlagen und jeweils etwas Schlagsahne in die Ausbuchtungen des Kerngehäuses geben.

Zutaten

2 Quitten
250 g Zucker
1 Zimtstange
Saft von 1 Zitrone
200 g Sahne

Kayısı reçeli

über Nacht +
30 Minuten
für 4 Personen

Aprikosenkonfitüre

Die Aprikosen waschen, halbieren und entsteinen. In einem großen Topf mit dem Zucker bestreuen und zugedeckt über Nacht stehen lassen, damit der Zucker einziehen kann.

Am nächsten Tag den Topf auf die Kochstelle stellen und den Inhalt so lange leise kochen lassen, bis die Flüssigkeit zu schäumen beginnt. Die Zitronensäure zufügen, weitere 5 Minuten leise kochen lassen. Von der Kochstelle nehmen und heiß in Gläser abfüllen.

Zutaten

1 kg frische Aprikosen
800 g Zucker
1 Msp. limon tuzu
(Zitronensäure zur Verwendung in Lebensmitteln)

40 Minuten
für 4 Personen

Hoşaf

Kompott aus Trockenobst

Zutaten

250 g Rosinen
100 g getrocknete Aprikosen
100 g getrocknete Pflaumen
250 g Zucker

Das Trockenobst in einem Sieb unter fließendem Wasser abspülen und abtropfen lassen.

In einem Topf den Zucker in 1/2 Liter Wasser auflösen. Das Trockenobst dazugeben und etwa 30 Minuten bei mittlerer Hitze kochen, bis sich die Rosinen aufblähen. Von der Kochstelle nehmen und abkühlen lassen.

Info **Hosaf wird in kleinen Schälchen zu Reisgerichten serviert. Das Kompott ist ein köstlicher Kontrast zu scharf gewürzten Mahlzeiten.**

Kammellen zu Karneval

Ein Highlight im Jahr war für uns Kinder immer der Karneval. Im Rheinland wird er besonders deftig gefeiert. Wir dachten, das sei normal, ganz Deutschland sei an diesen närrischen Tagen jeck. Aber egal, wir hatten riesig Spaß. Endlich Prinzessin oder Cowboy sein, das war der Hit. Unsere Mutter nähte uns tolle Kostüme. Die Stoffe suchte sie immer nach ihrem türkischen Geschmack aus, und so sah unsere Verkleidung immer etwas anders aus als die der anderen: bunter, greller, farbenfroher.

Närrisch gut …

Noch aufregender als die außergewöhnlichen Verkleidungen war für uns der Karnevalszug. Wir riefen lauthals „Kamelle, Kamelle", hielten unsere Plastiktüten hin und füllten die Taschen mit lecker Klümchen. Wir hatten immer so viele Lutschbonbons, dass wir unsere gesamte Verwandtschaft damit versorgten – die in der Türkei, wohlgemerkt. Wir Kinder verwahrten die Süßigkeiten, die meist nicht von allerbester Qualität waren, vom Februar bis zu den Sommerferien, packten sie kiloweise in den Kofferraum der Fordautos, fuhren damit 3 Tage über den Autoputt in die Türkei und

Sütlaç

Süßer Milchreis

etwa 30 Minuten
für 6 Personen

Den Reis abspülen, abtropfen lassen, in einen Topf mit 1/2 Liter Wasser geben und leicht salzen. Unter ständigem Rühren aufkochen und die Hitzezufuhr etwas reduzieren. Den Reis etwa 15 Minuten kochen, bis er gut durch, aber nicht zu weich ist und die Flüssigkeit aufgesogen hat.

Milch unterrühren und sobald sie zu kochen beginnt, den Zucker langsam unter ständigem Rühren zugeben und den Reis weitere 5 Minuten leise kochen lassen.

Stärkemehl in 2 Esslöffeln kaltem Wasser auflösen und unter den Reis rühren. Topf nach 2 Minuten von der Kochstelle nehmen und den Milchreis in kleine Becher verteilen. Mit Zimt, Walnüssen oder Mandelsplittern garnieren.

Zutaten

500 g Reis oder Milchreis
1 Prise Salz
1/2 l kalte Milch
300 g Zucker
1 TL Stärkemehl

Wahlweise
gemahlener Zimt
1 EL zerkleinerte Walnüsse
1 EL Mandelsplitter

packten sie bei 40 °C im Schatten wieder aus, um sie an unsere Cousins, Cousinen und kleinen Freunde aus der Nachbarschaft zu verteilen.

... aber nicht zu verstehen

Obwohl die Süßigkeiten durch die Sonne von Klümchen zu echt großen Klumpen verschmolzen waren, ließen die Beschenkten sich die „Delikatessen" auf der Zunge zergehen. „Made in Germany" war halt damals auch schon ein Begriff. Sie konnten nicht verstehen, dass man in Deutschland Lebensmittel aus irgendwelchen Wagen warf, so ganz umsonst.

Zutaten

3 Eier
200 g Naturjoghurt
200 ml Sonnenblumenöl
200 g Zucker
1 Päckchen Vanillinzucker
1 Päckchen Backpulver
1 EL Mehl
500 g Weichweizengrieß
1 Hand voll Walnüsse oder Mandeln

Sirup

800 ml Wasser
800 g Zucker
1/2 TL Zitronensaft

Außerdem

Sonnenblumenöl

Die Eier in einer Schüssel aufschlagen und mit Joghurt, Öl, Zucker, Vanillinzucker, Backpulver und Mehl mit einem Schneebesen verrühren, bis eine weiche Paste entsteht. Den Grieß unter Rühren einrieseln lassen und mit der Masse gut vermischen. Walnüsse oder Mandeln zerkleinern und in die Schüssel geben.

Eine ofenfeste Form mit etwas Sonnenblumenöl einreiben. Den Teig in die Form geben und in den Backofen schieben. Bei 180 °C (Umluft 160 °C, Gas Stufe 2–3) – ohne vorheizen – etwa 60 Minuten backen, bis die Oberfläche leicht gebräunt ist. Herausnehmen, etwa 100 Milliliter kaltes Wasser über den Teig träufeln und abkühlen lassen. Den Teig in kleine Rauten schneiden.

Für den Sirup Wasser und Zucker in einem Topf vermengen und auf der Kochstelle bei mittlerer Hitze 10 bis 15 Minuten kochen. Wenn der Sirup Bläschen wirft, den „Fingernageltest" machen. Dafür 1 Tropfen des Sirups auf den Daumennagel träufeln. Löst er sich auf oder zerläuft er, dann muss der Sirup noch etwas weiter leise kochen. Bleibt er fest als Tropfen auf dem Nagel liegen, dann ist die Konsistenz genau richtig. Den Zitronensaft dazugeben und den Sirup von der Kochstelle nehmen. Sobald er lauwarm abgekühlt ist, auf dem goldbraun gebackenen Teig verteilen.

Die Form mit einem Deckel oder Alufolie gut verschließen, damit die Flüssigkeit komplett in die Süßspeise einziehen kann. Kalt servieren.

Tipp **Als Backform oder zum Servieren sind die türkischen runden Tabletts ideal. Die silberfarbenen Behälter sind in jedem türkischen Import-Export-Laden erhältlich, kosten einige wenige Euros und eignen sich perfekt für viele Rezepte, die im Backofen zubereitet werden. Ansonsten sind sie auch schön als Schüsseln, Platten oder einfach als Dekoration.**

Şam tatlısı

90 Minuten
für 12 Personen

Süßspeise aus Grieß und Naturjoghurt

Was für den einen zu süß ist, ist für den anderen gerade richtig. Bei dieser im wahrsten Sinne des Wortes süßen Speise wird eine feine Grießzubereitung mit dem in der Türkei so beliebten Zuckersirup getränkt. Kalt serviert ein Genuss!

60 Minuten
für 4–6 Personen

Kabak tatlısı

Süße Kürbisspeise

Zutaten

1 orangeroter Kürbis (etwa 1 kg)
300 g Zucker
1 Messerspitze Salz
1 EL Zitronensaft
1 Hand voll Walnüsse
200 g Sahne

Den Kürbis schälen, die Samen entfernen und das Fruchtfleisch in dünne, 5 Zentimeter lange Stücke schneiden. Die Kürbisstücke in einen Topf geben, mit dem Zucker bedecken und 100 Milliliter Wasser zugießen. Leicht salzen und 30 Minuten ruhen lassen.

Den gezuckerten Kürbis mit Zitronensaft beträufeln und bei schwacher Hitze 15 bis 20 Minuten leise kochen lassen. Von der Kochstelle nehmen und abkühlen lassen.

Die Walnüsse hacken oder zerstoßen. Die Sahne steif schlagen. Die Kürbisstücke in kleinen Schälchen anrichten, mit dem Zuckersirup aus dem Topf beträufeln und mit Walnüssen garnieren. Mit der Schlagsahne servieren.

Die ungeheure Kraft von Erdbeeren

Unsere deutschen Mitbürger interessierten sich sehr für unsere Herkunft. Mit Händen und Füßen versuchten sie, uns und unseren Familien Wissenswertes über unser Land zu entlocken. So kam es, dass eine Nachbarin eines schönen Sommertages meine Mutter fragte, ob es in unserer Heimat auch Erdbeeren gäbe. Mit großen, vor Schreck geweiteten Augen antwortete meine Mutter mit wenigen Brocken Deutsch, dass das in der Türkei „ganz schlimm“ sei. „Große Erdbeeren, immer viel Erdbeeren“, „nix gut“, „wir immer Angst haben“, „viel Tote und Verletzte“. Die Nachbarin guckte ein wenig irritiert und malte sich vermutlich aus, welche gigantischen Ausmaße die Früchtchen in der Türkei annahmen. Dass meine Mutter schlicht Erdbeeren mit Erdbeben verwechselte, fiel damals niemandem auf.

Irmik helvası

60 Minuten
für 6 Personen

Süßspeise aus Grieß

In einer Pfanne Margarine oder Sonnenblumenöl erhitzen. Grieß und Erdnüsse dazugeben und unter ständigem Rühren bei schwächster Hitze etwa 30 Minuten rösten, bis sie rosafarben werden.

Für den Sirup 500 Gramm Zucker mit 1 Liter Wasser in einem großen Topf bei schwacher Hitze langsam erwärmen. Nicht direkt aufkochen, sondern langsam leise kochen lassen, bis der Sirup dickflüssig wird. Zwischendurch immer wieder umrühren. Nach 15 bis 20 Minuten den Fingernageltest machen: 1 Tropfen des Sirups auf den Daumennagel träufeln. Bleibt er fest und rund, hat der Sirup die ideale Konsistenz. Zerläuft er auf dem Nagel, muss er noch etwas leise kochen.

Den Zuckersirup vorsichtig unter den Grieß und die Erdnüsse in der Pfanne rühren. Den restlichen Zucker ebenfalls unter ständigem Rühren in die Pfanne geben – Vorsicht, es kann spritzen! – und bei schwächster Hitze weiter leise kochen lassen. 3 Lagen Papiertücher oder 2 Seiten Zeitungspapier auf die Pfanne legen, mit einem Deckel verschließen und etwa 15 Minuten bei schwächster Hitze leise kochen lassen, bis die Flüssigkeit vollständig aufgesogen ist.

Sollte die Süßspeise noch etwas grobkörnig sein, 2 Esslöffel kaltes Wasser dazugeben, damit sie noch etwas quillt. Etwas abkühlen lassen, in kleinen Schälchen lauwarm servieren und wie Pudding löffeln.

Zutaten

250 g Margarine oder
200 ml Sonnenblumenöl
500 g Weichweizengrieß
1 Hand voll geschälte Erdnüsse
1 kg Zucker

75 Minuten
für 4 Personen

Beksemet

Teig mit Sesampaste

Sesam gibt diesen beliebten Gebäckstücken ihren feinen Geschmack. Die ölhaltigen Samen duften als ganze Körner kaum, weshalb sie zu der hellbraunen Paste Tahin zerrieben werden, die dann für Beksemet in Zuckersirup aufgelöst wird.

Zutaten

Teig
1/2 Würfel frische Hefe
500 g Mehl
1 1/2 TL Salz
50 g Naturjoghurt
1 TL Sonnenblumenöl
1/2 TL Zucker

Füllung
125 g Zucker
250 g Tahin (Sesampaste)

Glasur
1/2 Packung Kaffeesahne (170 g)
1 kleines Ei

Den Backofen auf 200 °C (Umluft 180 °C, Gas Stufe 3–4) vorheizen. Ein Backblech mit Backpapier auslegen.

Für den Teig Hefe, Mehl, Salz, Joghurt, Öl und Zucker miteinander vermengen und dabei nach und nach etwa 350 Milliliter lauwarmes Wasser dazugeben, bis der Teig weich wie ein Ohrläppchen ist (siehe Anekdote Seite 88). Den Teig 30 Minuten zugedeckt ruhen lassen.

In der Zwischenzeit für die Füllung den Zucker in 100 Milliliter heißem Wasser auflösen. Die Sesampaste darin unter Rühren komplett verdünnen und auflösen.

Den geruhten Teig zu einer Kugel formen und ausrollen, bis er so dünn wie Pizzateig ist. Die Sesampaste auf den Teigfladen streichen. Den Teigfladen einrollen, sodass er zum Schluss aussieht wie ein langes Baguette. Die Rolle in etwa 3 Zentimeter dicke Scheiben schneiden. Nicht wundern, dabei quillt immer ein wenig Sesampaste heraus. Alle Küchlein mit etwas Platz nebeneinander auf das Backblech legen.

Die Kaffeesahne mit dem Ei verquirlen und damit die Küchlein großzügig bestreichen beziehungsweise die Flüssigkeit auf die einzelnen Küchlein gießen

Das Backblech in den Backofen schieben und die Küchlein 20 bis 30 Minuten backen. Kurz auf dem Backblech abkühlen lassen und in eine Schüssel umfüllen.

Info **Die Sesampaste Tahin wird in den ländlichen Regionen der Türkei aus gerösteten Sesamkörnern selbst hergestellt. Man mahlt die Körner zwischen zwei Steinen so lange, bis eine Paste entsteht. In türkischen Supermärkten gibt es sie abgepackt in Gläsern.**

Wörterbuch

Begrüßung – Verabschiedung

Türkisch	Aussprache	Deutsch
Merhaba		Hallo
Günaydın	*Gün eiden*	Guten Morgen
Iyi akşamlar	*Iyi akschamlar*	Guten Abend
Iyi geceler	*Iyi gädschälär*	Gute Nacht
Hoş geldiniz	*Hosch geldinis (stimmhaftes s wie in Sonntag)*	Herzlich willkommen (Das sagt der Gastgeber bei der Ankunft seiner Gäste)
Hoş bulduk	*Hosch bulduk*	(Das sagt der Gast bei seiner Ankunft als Antwort auf den Gastgeber, der als Erster begrüßt)
Nasılsınız? Nasılsın?	*Naselsinis (s wie in Sonntag)*	Wie geht es Ihnen? Wie geht es dir?
Teşekkür ederim. Iyim.	*Teschekür ederim. Iyiyim*	Danke, mir geht es gut
Güle, güle	*Güllä, güllä*	Auf Wiedersehen (In der Türkei gibt es zwei Wörter für „Auf Wiedersehen“: Güle, güle sagt der Gastgeber beim Abschied)
Allaha ısmarladık	*Alaha esmarrladek*	Auf Wiedersehen (Das sagt der Gast bei der Verabschiedung)

Allgemeine Redewendungen

Türkisch	Aussprache	Deutsch
Benin adım *(oder:)* benim ismim	*Benim adem*	Mein Name ist ...
Isminiz nedir?	*Isminis nedir?*	Wie ist Ihr Name?
Ismim Georg *(oder:)* adım Georg		Ich heiße Georg
Lütfen	*Lütfän*	Bitte
Mersi		Danke
Teşekkür ederim *oder* teşekkürler	*Teschekür ederim oder teschekürlär*	Danke
Evet		Ja
Hayır		Nein
Bana yardım eder misiniz lütfen	*Bana yardem ädär misinis lütfän*	Können Sie mir bitte helfen?
Özür dilerim	*Ösür (s wie in Sonntag) dilerim*	Es tut mir Leid
Sizi anlayamadım	*Sisi (s wie in Sonntag) anlayamadem*	Ich habe Sie nicht verstanden
Lütfen daha yavaş konuşunuz	*Lütfän daha yavasch konuschunuz (s wie in Sonntag)*	Sprechen Sie bitte langsamer
Biraz Türkçe konuşuyorum	*Biras türktschä konuschuyorum*	Ich spreche nur wenig Türkisch
Afferdersiniz		Entschuldigen Sie

im Restaurant

Türkisch	Aussprache	Deutsch
Yemek listesi		Speisekarte
Yemek listesi lütfen		Die Speisekarte bitte
Bir şey içer misiniz?	*Bir schey itchär misinis*	Möchten Sie etwas trinken?
Bana ne tavsiye edersiniz?	*Bana nä tavsiyä ädärsinis?*	Was empfehlen Sie mir?
Çay	*Tschai*	Tee
Kahve		Kaffee
Bira		Bier
Şarap	*Scharab*	Wein
Kırmızı şarap	*Kermese (S wie in Sonntag) scharap*	Rotwein
Beyaz şarap	*Beyas scharap*	Weißwein
Su		Wasser
Elma suyu		Apfelsaft
Portakal suyu		Orangensaft
Bira var mi?	*Bira var me?*	Haben Sie Bier?
Bir bardak su, lütfen.		Ein Glas Wasser bitte
Meze		Vorspeise
Çorba	*tschorba*	Suppe
Salata		Salat
Baş yemek	*basch yemek*	Hauptgericht
Tatlılar		Nachspeisen/Süßigkeiten
Pasta		Kuchen
Lütfen bana daha ... getiriniz		Bringen Sie mir bitte noch eine/ein ...
Şişe	*Schische*	Flasche
Bardak		Glas
Fincan	*Findschan*	Tasse
Tabak		Teller
Kaşık	*Kaschek*	Löffel
Çatal	*Tschatal*	Gabel
Bıçak	*Betschak*	Messer
Peçete	*Pedschätä*	Serviette
Tuz	*Tus*	Salz
Şeker	*Schekär*	Zucker
Sirke		Essig
Yağ		Öl
Afiyet olsun		Guten Appetit
Şerefe	*Schäräfä*	Prost
Sigara içen	*Sigara itschen*	Raucher
Sigara içmeyen	*Sigara itschmeyen*	Nichtraucher
Yemek çok güzeldi	*Yemek tschok güselde*	Das Essen war ausgezeichnet
Hesap lütfen		Die Rechnung bitte
Tuvalet nerede?		Wo sind die Toiletten?
Tuvalet		Toiletten
Bay		Männer (Toiletten)
Bayan		Frauen (Toiletten)

Wörterbuch

beim Einkaufen

Türkisch	Aussprache	Deutsch
Bir		Ein, eins
Bir, iki, üç, dört, beş	*Birr, iki, ütsch, dörrt, besch*	Eins, zwei, drei, vier, fünf
Kilo		Kilo
... istiyorum		Ich möchte ...
Bir kilo domates istiyorum		Ich möchte ein Kilo Tomaten
Domates		Tomaten
Patates		Kartoffeln
Elma		Apfel
Muz		Banane
Patlıcan		Auberginen
Kabak		Zucchini
Biber		Paprikaschoten
Sivri biber		Peperoni
Dolmalık biber		Paprika, die sich zum Füllen eignen
Sovan		Zwiebeln
Sarmusak		Knoblauch
Nane		Pfefferminze
Peynir		Käse
Süt		Milch
Un		Mehl
Ekmek		Brot
Pide		Fladenbrot
Kuzu	*Kusu (s wie in Sonntag)*	Lamm
Sığır		Rind
Dana		Kalb
Tavuk		Huhn
Hindi		Pute
Yumurta		Eier
Bir kutu		Eine Dose
Bir paket		Eine Packung, ein Päckchen
Bir şişe	*Bir Schische*	Eine Flasche
Yarım kilo et	*Yarem kilo et*	Ein halbes Kilo Fleisch
Bu kaça?	*Bu kadscha?*	Wie teuer ist das?
Sira bende mi?		Bin ich dran?

Glossar

Was ist was?

Ayran	Erfrischendes Getränk aus verdünntem Joghurt, das durch die verwendete Pfefferminze (**türk. Nane**) angenehm kühl und erfrischend schmeckt.
Börek	Gefüllter Blätterteig, auch in Form von Teigtaschen. Böreks werden gebacken, gedämpft oder frittiert.
Brennnessel	Wird als Gemüse wie Spinat zubereitet – im Frühjahr die frischen Blätter und zarten Triebe, ansonsten getrocknete Ware, die es auf Wochenmärkten in der Türkei und in türkischen Supermärkten in Deutschland zu kaufen gibt. Beim Pflücken der Blätter trägt man am besten Handschuhe. Vor der eigentlichen Zubereitung werden die frischen Blätter überbrüht und verlieren dadurch ihre Brennwirkung.
Buğday	Geschälte Weizenkörner
Bulgur	Vorgekochtes, haltbares Weizenprodukt, das sich schnell zubereiten lässt. Für seine Herstellung werden eingeweichte Weizenkörner in wenig Wasser gekocht, an der Luft getrocknet und dann zerkleinert. Es gibt feinen und groben Bulgur.
Cacık	Zubereitung aus Joghurt, Gurke, Knoblauch und Pfefferminze, ähnlich dem griechischen Tsatsiki. Ideal zum Beispiel als Dip für Gemüse oder als Beilage zu gegrilltem Fleisch.
Cezve	Kleines, reich verziertes Töpfchen aus Messing oder Kupfer mit langem Griff zum Zubereiten des türkischen Mokkas.
Dolma	Alles, was gefüllt wird: gefüllte Paprikaschoten, Zucchini, Tomaten, Weinblätter etc.
Ezme	Würzpasten aus zerstoßenen oder pürierten Zutaten, die mit Olivenöl oder Joghurt vermischt sind. Ideal als Brotaufstrich.
Halva	Süßigkeit aus Weizen, Sesampaste, Nüssen und/oder Gewürzen.
Hamsi	türk. Sardellen. Die kleinen Fische gibt es frisch und abgepackt in vielen türkischen Supermärkten zu kaufen.
Yogurt	Joghurt. Der im Fettgehalt naturbelassene, cremige Joghurt ist die Grundlage für die beliebte Joghurt-Knoblauch-Sauce, die zu vielen Fleisch- und Gemüsegerichten gereicht wird.
Löwenmilch	**türk. Aslan sütü.** Das milchig trübe Getränk entsteht, wenn man den Anisschnaps Rakı mit Wasser verdünnt.

Glossar

Olivenöl
Das hochwertige Öl der kaltgepressten Früchte bereichert die türkische Küche. „In Olivenöl gedünstet" (Zeytinyağli) werden viele Gemüsearten, die man kalt serviert.

Paprikamark, Paprikapaste
türk. Biber salça. Beliebtes, sehr aromatisches Würzmittel, das aus getrockneten Paprikaschoten hergestellt und durch Salzzugabe haltbar gemacht wird. Ähnlich wie Tomatenmark. Es gibt scharfes (**aci**) und süßes (**tatlı**) Paprikamark, abgepackt in Gläsern oder Dosen.

Paprikapulver, rotes
türk. Kırmızı pul biber. Die türkische Bezeichnung „rotes Paprikapulver" gibt keine Auskunft über den Schärfegrad des Gewürzes. Dunkel- bis orangerotes Pulver, das rot färbt, wenn man es zerreibt. Man sagt vermutlich „rotes Paprikapulver", um es von dem „schwarzen Paprikapulver" zu unterscheiden, dem schwarzen Pfeffer, **türk. kara biber.**

Rakı
Anisschnaps. Die Pflanze Anis ist mit Dill, Fenchel und Kümmel verwandt, und ihre Samen haben ein bittersüßes, wärmendes Aroma. Zur Rakıherstellung werden sie dem Rohbrand aus einer Maische aus Trauben sowie Feigen, Datteln oder Rosinen beigesetzt, und geben beim zweiten Brand ihren unverwechselbaren Geschmack ab. Anschließend wird die Spirituose gesüßt und einige Monate zur Reife in Fässern gelagert.

Samowar
türk. Çaydanlık. Zweiteiliges Teekannensystem. Die untere, größere Kanne hält ständig frisches Kochwasser bereit, während in der oberen, kleineren Kanne der Tee ziehen kann. Bei Bedarf wird oben einfach Wasser nachgefüllt.

Schafskäse (Feta)
Frischkäse aus Schafsmilch, der zur Reifung und Haltbarmachung in Salzlake eingelegt wird. Die Bezeichnung Feta wird oft für Frischkäse aus Kuhmilch verwendet. Beim Kauf sollte man darauf achten, ob man originalen, würzigen Schafs- oder Ziegenkäse kauft oder die mildere Kuhmilchvariante. Ausgepackter Frischkäse lässt sich bis zu 7 Tage im Kühlschrank aufbewahren, wenn man ihn immer mit Salzlake bedeckt hält (dafür einfach frisches Wasser mit wenig Salz würzen und den Käse einlegen). Sollte der Käse von Natur aus zu salzig sein, kann man ihn auch unter kaltem Wasser abspülen oder kurz in Milch einlegen.

Sesam
Samenkörner der Sesampflanze. Erst durch fettfreies Rösten entfalten die im rohen Zustand fast neutral schmeckenden Samen ihr kräftiges, nussiges Aroma. Sesamsamen gibt es ungeröstet und geröstet zu kaufen. Sie verleihen Backwaren, herzhaften Gerichten und Süßspeisen einen charakteristischen Geschmack. Sesamsamen sind die Grundlage für die Paste Tahin.

Sucuk
Luftgetrocknete, mit Knoblauch, Chili und Kreuzkümmel gewürzte Wurst aus Rind- oder Lammfleisch. Sie eignet sich zum Kochen, Grillen oder kalt als Brotbeilage.

Sumach — **türk. Sumak.** Fruchtig-säuerliches Gewürz aus den Beeren des Sumachbaums *(bot. Rhus coriaria)*, im Volksmund auch Essigbaum genannt, das es in jedem türkischen Supermarkt zu kaufen gibt. Sumach war vor Ankunft der Zitrone im Vorderen Orient das einzige Säuerungsmittel. In der türkischen Küche dient es zum Würzen von Salaten, Fladenbroten, Fleisch und Fisch. Der Geschmack von Sumach ist herb-säuerlich mit einer fruchtigen Note. Die getrockneten Beeren werden ganz oder gemahlen angeboten.

Tahin — Dicke Sesampaste aus gerösteten Sesamkörnern, die in ländlichen Regionen der Türkei selbst hergestellt wird. Dazu werden die Körner zwischen zwei Steinen so lange vermahlt, bis eine Paste entsteht. In türkischen Supermärkten gibt es sie abgepackt in Gläsern zu kaufen.

Tarhana — Suppenmehl, das aus einer Mischung aus getrocknetem und fermentiertem Weizen und Joghurt besteht. Es dient als Würzmittel und Grundlage für Suppen und Eintöpfe.

Tepsi — Runde, silberfarbene Tabletts mit einem etwa 5 Zentimeter hohen Rand, die sich als Backform oder zum Servieren eignen. Sie sind in jedem türkischen Import-Export-Laden erhältlich, kosten einige wenige Euros und eignen sich perfekt für viele Rezepte, die im Backofen zubereitet werden.

Tursu — Eingelegtes Gemüse, das kalt als Beilage zu den Mahlzeiten gegessen wird. Beliebt sind zum Beispiel grüne Tomaten, Möhren, Blumenkohl und Peperoni.

Yufka — Papierdünne Blätter aus Teig, die für herzhafte oder süße Blätterteiggebäcke verwendet werden. Es gibt sie in unterschiedlichen Größen und Mengen, rund oder dreieckig, in Folie abgepackt in jedem türkischen Supermarkt zu kaufen. Sie liegen meist im Kühlregal und halten sich, gut verschlossen, mehrere Tage. Sie lassen sich einzeln aus der Packung entnehmen. Vor dem Zubereiten kann man Yufka-Teigblätter leicht mit Wasser anfeuchten, damit sie sich besser aufrollen lassen und nicht brechen. Im Vergleich zu dem Blätterteig, der in deutschen Supermärkten in Tiefkühltruhen angeboten wird und Mehl und Butter im Verhältnis 50:50 enthält, wird der Teig für Yufka ohne Butter, sondern nur mit etwas Öl zubereitet. Die fertigen Yufkas kann man auch prima im Gefrierfach lagern und bei Bedarf herausholen.

Register türkisch

Register deutsch

Impressum

Dank

Ich danke meiner Familie für ihre Unterstützung in allen Lebenslagen sowie für die schönen und lustigen Geschichten, die wir gemeinsam erlebt haben. Insbesondere meiner Mutter, die mit viel Geduld und Hingabe dieses Projekt unterstützt hat und deren Kochkünste uns groß und stark gemacht haben.

Die Autorin

Leyla Başer, geboren in einem kleinen Dorf an der Westküste der Türkei, kam Mitte der 1970er Jahre mit ihrer Familie als Gastarbeiterfamilie nach Deutschland. Sie lebt nun seit über 30 Jahren in Deutschland, machte im Rheinland das Abitur und studierte nach einem freiwilligen sozialen Jahr in Paris und Köln. Sie spricht sechs Sprachen und hat in Redaktionen einiger großer Fernsehsender und Printmedien gearbeitet. Mit ihrem Mann und ihrer Tochter lebt sie heute auf einem Bauernhof im Rheinland.

Bildnachweis

Die Foodbilder auf S.13, 17 o., 21, 28 o., 37 o., 41, 46 o., 51 o., 56 o., 61 o., 63, 66 o., 73 o., 80 o., 84 o., 87, 93 o., 96 o., 101 o., 106 o., 109, 114 o., 119 o., 121, 124 o., 131 o., 134 o. stammen von Antje Plewinski, Berlin, alle Reportagefotos von Franz W. Pichler, Neubeuern, Seite 14 von Armin Paul-Prößler, Werder.

Die im Buch abgebildeten Personen zeigen keine Familienangehörigen der Autorin.

Quellenangabe

Meier-Braun, Karl-Heinz: 40 Jahre „Gastarbeiter“ und Ausländerpolitik in Deutschland – „Deutschland, Einwanderungsland“. Suhrkamp Verlag, Frankfurt am Main, 1. Auflage, 2002, S. 36–37.

Meier-Braun, Karl-Heinz; Weber, Reinhold (Hrsg.): „Kulturelle Vielfalt. Baden-Württemberg als Einwanderungsland“. Schriften zur politischen Landeskunde Baden-Würtemberg Bd. 32, 2. Auflage, Stuttgart 2006, S. 67–68.

Projektleitung: Susanne Kirstein
Redaktion: Dr. Ute Paul-Prößler
Layout und Gesamtproducing: Eva M. Salzgeber, Neubeuern
Bildredaktion: Tanja Nerger
Umschlaggestaltung und Konzeption: R. M. E. Eschlbeck / Kreuzer / Botzenhardt

Repro: Artilitho, Trento
Druck und Verarbeitung: Těšínská tiskárna, Český Těšín

Printed in the Czech Republic

ISBN-10: 3-517-06978-7
ISBN-13: 978 -3-517-06978-4

9817 2635 4453 6271